JN125614

監査役・
監査(等)委員
監査の
論点解説

高橋 均 著

Takahashi Hitoshi

同文舘出版

はしがき

　本書は、『監査役監査の実務と対応（第7版）』（同文舘出版、2021年。以下『実務と対応』とします）の姉妹書です。

　『実務と対応』は、2008年の初版以来、監査役・監査委員・監査等委員（以下「監査役等」という）およびそのスタッフ、また内部監査部門を中心として監査役等と連携することが多い執行部門、および会計監査人の方々にとって、法と実務をわかりやすく解説した書籍として多くの支持を得て、幸いにも何度もの増刷とともに、版を重ねることができました。この間、会社法の改正に伴う監査役に関する制度変更や監査等委員会設置会社の創設、「監査上の主要な検討事項」（Key Audit Matters：KAM）制度の導入、コーポレートガバナンス・コードなどのソフト・ローの影響等、監査実務を取り巻く状況も大きく変化をしてきました。これらの制度改正や実務上の影響については、『実務と対応』の改訂版の中で都度、取り込んできました。しかし、テーマによっては、「COLUMN」「トピックス」「Q&A」としての紹介にとどまったものもあります。

　そこで、本書では、『実務と対応』において深掘りできなかったテーマを本格的に取り上げるとともに、監査役等やスタッフの皆様からお受けした質問の中で共通の課題や論点と思われるテーマを取捨選択して解説することにしました。言い換えると、『実務と対応』が体系的・網羅的に解説した書籍であるのに対して、本書は、個別論点に焦点を当てて解説した書籍です。

　もっとも、本書においても、『実務と対応』の基本コンセプトと同様に、法と実務の両面を意識した記述となっております。法定監査である監査役監査では、会社法を中心とした法令の理解は必須ですし、他方で法令を基にして実務に具体的に活用・展開することが企業実務に携わる読者の皆様にとって大切なことであると考えるからです。

　本書のご利用の方法としては、中堅・ベテラン層の監査役等およびスタッフの方々には、『実務と対応』の応用編と位置付けて関連テーマをより深く

理解するために利用していただく方法もありますし、新任の方にとっては、『実務と対応』をご利用中に、「COLUMN」「トピックス」「Q&A」について、さらに詳しい解説を必要とされた際に、参考にしていただくことが可能となります。この点を考えて、本書の各章のタイトル欄の箇所に、『実務と対応』において関連する解説の章番号等を明示しております。

　私は、2017年に、新日本有限責任監査法人（現・EY新日本有限責任監査法人）の機関誌である「情報センサー」への定期的な寄稿の依頼をお受けしました。以降、四半期ごとに特別寄稿の形で、その時々に考えた個別テーマについて記述してきましたが、本書は、これらの原稿をベースに、必要に応じてデータや内容の更新を行うとともに、全体を第Ⅰ編から第Ⅵ編に再構成・分類した上で各編にまとめを追記しました。また、本書は法令を扱った書籍ですが、実務上の記述にも多くのスペースを割いていることから、法学文献特有の脚注は最小限に留めてあります。

　改めて、EY新日本有限責任監査法人の関係者の皆様とともに、書籍の発刊に関して御世話になった同文舘出版の青柳裕之取締役に心より御礼申し上げます。特に、今回においても青柳さんの献身的な対応に感謝しております。

　監査役等を取り巻く環境は日々変化し、実務上も対応する必要があります。今後においても、社内の研修会やセミナー、研究会等においてご参加くださったり、個別に交流のある多くの監査役等やスタッフの皆様との意見交換・質疑を参考にして、引き続き、法と実務の両面からのアプローチを実践し発信していく所存です。

梅雨が明けて

2022年6月吉日

高橋　均

目　次

第 I 編　監査役を巡る基本論点

第1章　三様監査における監査役の役割　2

1／はじめに ……………………………………………………………… 2

2／三様監査の各役割 …………………………………………………… 2

3／三様監査の中で監査役の果たすべき役割 ………………… 5

4／小括 …………………………………………………………………… 8

第2章　監査役と財務・会計に相当の程度の知見　10

1／はじめに ……………………………………………………………… 10

第Ⅲ編　監査役と他の会社機関との連携

第7章　取締役会運営と監査役　　66

第Ⅳ編　リスク管理体制と監査役

第**10**章　内部統制システムと監査役　　　　100

第**Ⅴ**編　監査役における個別論点

第**16**章　コロナ禍における監査役の善管注意義務　160

1／はじめに …………………………………………………… 160

2／監査役の役割と善管注意義務 …………………………… 160

3／監査役の善管注意義務違反が肯定された裁判例 ………… 161

4／コロナ禍で監査役として果たすべき善管注意義務 ……… 163

5／小括 …………………………………………………………… 167

本書の読み方

本書では、各章の見出しの横に下記の【例】のようなアイコンがついています。
これらは、本書の姉妹書『監査役監査の実務と対応』（同文舘出版より刊行）の
中の関連する項目をあらわしています。
下記の【例】の「第3章・V・2・(3)」は、本書の第8章が、上記書籍の第3章
の第V節、第2項の（3）と関連する内容であることを示しています。
理解を深めるためにも、2冊を一緒にお読みいただくことをお薦めいたします。

【例】

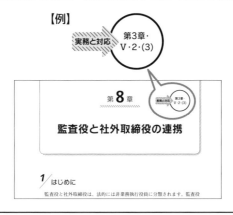

略記表

略記	正式名称
会	会社法
会施規	会社法施行規則
会算規	会社法計算規則
旧商特	旧商法特例法
旧商施規	旧商法施行規則
金商	金融商品取引法
民	民法
振替法	社債、株式等の振替に関する法律
開示府令	企業内容等の開示に関する内閣府令
CGコード	コーポレートガバナンス・コード
民集	大審院民事判例集　※巻数
民集	最高裁判所民集判例集　※号数
集民	最高裁判所裁判集民事
金判	金融・商事判例
判時	判例時報
判タ	判例タイムズ

※法令は2022（令和4）年7月1日現在のものです。

監査役・監査(等)委員監査の論点解説

第 **I** 編

監査役を巡る
基本論点

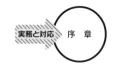

第**1**章

三様監査における監査役の役割

1 はじめに

　企業不祥事が発生し大きく報道される事態が生じると、短期的な業績悪化にとどまらず、企業の社会的信頼が大きく失墜することとなり、その回復は容易ではありません。事案によっては、会社役員の法的責任が問われるだけではなく、代表取締役社長の辞任にも発展することもあります。

　このような事態を回避するために、リスク発生の未然防止や、仮にリスクが発生したとしても、それが拡大する前に迅速な対応が行われることが重要です。このために、業務執行者とは別に、監視の視点から監査する役割が存在します。具体的には、監査役・監査委員・監査等委員（以下、まとめて「監査役」という）監査、会計監査人監査、内部監査部門による内部監査のいわゆる三様監査です。三様監査については、同じ監査を担う役割があっても、その相違を理解した上で、相互の効果的な連携を図ることが大切です。

　そこで本章では、三様監査の実効性確保のために、監査役として果たし得る具体的な方法について考えます。

2 三様監査の各役割

（1）監査役・会計監査人・内部監査部門

　三様監査を担う主体のうち、監査役と会計監査人は、会社法上の機関です[1]。すなわち、監査役は、取締役の職務執行を監査する権限を有し（会381

条1項前段）[2]、会計監査人は、会社の計算書類およびその附属明細書、臨時計算書類ならびに連結計算書類を監査します（会396条1項前段）。その上で、監査役も会計監査人も、事業年度ごとに監査報告を作成し、株主に通知しなければなりません（会381条1項後段・396条1項後段）。

　監査役は、会社と委任関係にある会社法上の役員です（会330条・329条1項）。会計監査人は、会社法上の役員ではないものの、監査役と同様に、会社と委任関係にあります（会330条）。委任関係の場合は、委任者に対して善管注意義務を負うことになる（民644条）ことから、法的には、監査役と会計監査人は、会社に対して善管注意義務を負う会社機関と位置付けられます。したがって、監査役と会計監査人は、その職務の任務懈怠によって会社に損害が生じれば、会社に対して損害賠償支払いの責任を負います（会423条1項）。会社が監査役や会計監査人に対する責任追及を行わなければ、株主代表訴訟の対象となります（会847条1項・3項）。

　なお、会計監査人は、公認会計士の資格を有する会計の専門家であるのに対して、監査役は特段の資格要件が法定化されているわけではありません。

　他方、内部監査は、法的に位置付けられた法定監査ではなく任意監査です。会社組織の中で、専任の内部監査担当者がいる会社のほか、経理・財務部門等との兼務となっている会社もあります。もっとも、上場している会社では、金融商品取引法（以下「金商法」という）上の財務報告に係る内部統制システムの有効性を評価した上で、内部統制報告書に記載する必要（金商24条の4の4第1項）から、実務を行う内部監査部門に専任の担当者を配属している会社が多くなっています[3]。

---

1) 金商法では監査人と称し、法的には、会計監査人と監査人とは別であることも可能だが、実務的には同一である。
2) 監査等委員会の該当条文は、会社法399条の2第3項1号、監査委員会は、同法404条2項1号。
3) 日本監査役協会のアンケートによると、内部監査部門に専任スタッフを配置している会社の割合は68.4%（会社数2,298社）であり、専任の監査役スタッフを配置している会社の29.4%（393社）と比較してかなり多くなっている。日本監査役協会「役員等の構成の変化などに関する第22回インターネット・アンケート集計結果」月刊監査役736号別冊付録（2022年）31・34頁。

（2）監査役監査と内部監査の違い

　三様監査の対象は、会社の各執行部門であることから、監査対象部門が三様監査の違いを認識した上で、監査を受けることが出発点です。三様監査の中では、会計監査人監査は、会計に特化した監査であり、純粋外部の職業的専門家によるものとの認識は得られやすいと考えられます。他方で、監査役監査と内部監査については、各部門がその違いを十分に理解しているとは言い難い印象です。同じ社内の人間による不祥事防止のための監査であろう程度の認識が一般的なように思われます。その結果として、監査役監査と内部監査への対応負荷が大きい場合や、重複しているとの認識があると、監査対象部門は形式的な対応となり、監査の実効性が十分に上がらない可能性が高くなります。

　監査役監査と内部監査の違いの第一は、監査役制度が会社法に規定されていることから監査役監査は法定監査であるのに対して、内部監査は法令上の規定はないことです。したがって、会社内の組織の名称（監査部、内部監査室等）から社内での位置付け（社長直轄、総務部等と並列）など、各社により様々です。また、内部監査に法令上の規定がないということは、監査業務の方法や手続も各社が社内的に決定すればよいこととなります。

　第二の違いは、監査役の監査対象は取締役の職務執行を監査すること（会381条）であるのに対して、内部監査の対象は、従業員全般というのが通常の実務です。内部監査部門は、取締役の指揮・命令に服することになるので、指揮・命令権を持つ監督者に対して直接監査することは、形式的にあり得ても、現実的には考えにくいといえます。他方、監査役は、株主総会で取締役とは別に選任され（会329条1項）、法的に執行部門から独立しているため、監査役監査の対象が取締役となり得ます。したがって、取締役が違法行為や不正行為等により会社に著しい損害を及ぼすことがないか、言い換えれば、取締役が会社に対して善管注意義務を果たしているか、監査を通じて確認することとなります。

　もっとも、取締役の違法行為等は、取締役自らに限らず、部下への下命

図表1-1 監査役監査と内部監査との違い

	監査役監査	内部監査
法的位置付け	会社法に規定（法定監査）	法令の規定無し（任意監査）
監査対象の中心	取締役の職務執行	従業員の業務執行 J-SOX対応（上場会社）
組織体制	独任制が前提	組織監査が前提

出所：筆者作成。※『実務と対応』序章・2・図表序−A

や、部下達の違法行為等を是正しないでみてみぬふりをする不作為も含まれるので、監査役監査では、各部門の執行役員以下からの報告聴取や重要会議・重要書類の閲覧等を通じて、取締役の善管注意義務違反の有無を監査することになります。

第三の違いは、内部監査は組織監査であるのに対して、監査役監査は、監査役間で相互に意見交換をするものの、最終的には他の監査役の意見に左右されないで意見表明ができる独任制となっていることです[4]（会390条2項後段）。独任制は、各監査役の独立性を担保したもので、取締役には法定されていない特異の権限です（**図表1-1**参照）。

3 三様監査の中で監査役の果たすべき役割

(1) 監査役と会計監査人との連携

監査役は、必ずしも財務および会計に知見があるとは限りません[5]。しかし、監査役は最終的に、会計監査人監査の相当性を判断した上で[6]、期末の監査役(会)監査報告に反映し、株主に提出する義務があります。このために

---

4) 監査委員および監査等委員は、独任制ではなく組織監査であることから、監査委員会・監査等委員会で議論を尽くした上で結論を出すことになる。
5) コーポレートガバナンス・コード（CGコード）では、監査役には、必要な財務・会計・法務に関する知識を有する者が選任されるべきである（CGコード原則4-11）としているが、日本監査役協会は、監査役の候補者が限定されるとして、財務・会計に関する適切な知見を有している者が望ましいとしている。日本監査役協会「有識者懇談会の答申に対する最終報告書」月刊監査役570号（2010年）41頁。

は、監査役と会計監査人との具体的な連携は不可欠です[7]。

　期初においては、相互の監査計画を説明し、当該事業年度において重点的に監査を行う必要がある項目を確認しあうことが大切です。必要に応じて、監査役と会計監査人が同行して棚卸立会やシステム監査を実施することもあり得ます。また、期初の段階で、会計監査人から取締役や執行役員との面談・ヒアリングの要望があった場合には、監査役が積極的に調整することが考えられます。純粋外部者である会計監査人は、社内情報にアクセスする機会が少ないため、会計監査人にとって会計監査上必要と考えるヒアリング等については、監査役としてそのような場を設定することも大事な役割です。

　監査役には、会計監査人が取締役の不正行為や法令・定款違反の重大な事実を発見したときには、報告を受けたり、報告を請求したりする権限があります（会397条1項・2項）[8]。期末には、会計監査人の会計監査報告の内容の通知を受ける権限もあります（会算規130条）。しかし、重大な事実に限らず、不正のおそれや懸念があるような事実についても会計監査人が発見した場合には、監査役は期中の段階から会計監査人より報告を受ける関係を構築しておくべきです。また、監査役からも、業務監査を通じて気になった点があれば会計監査人に説明し、会計監査の点から確認してもらうこともあり得ます。このためには、監査役と会計監査人が定例的に監査の実施状況の報告と意見交換を行うこと、とりわけ、会計監査人と経理・財務部門で意見の相違があった点などについては、監査役として状況を把握しておくことが重要です[9]。

　監査役は、会計監査人から不正会計や法令・定款違反の重大な事実の報告

---

6)　会計専門家である会計監査人の監査は、特段の事情が無い限り十分に信頼がおけるものとの前提で、監査役が重ねて同様の監査を行う必要がないことから、相当性の判断で足りると解される。西山芳喜『監査役とは何か―日本型企業システムにおける役割―』同文舘出版（2014年）247〜248頁。
7)　日本公認会計士協会からは、日本公認会計士協会監査基準委員会報告書260「監査役等とのコミュニケーション」が公表されている（最終改正2020年8月20日）。
8)　この立法趣旨は、「監査役も会計監査の一端を担っていること、および会計監査人の有する情報が業務監査に役立つことが多い」（江頭憲治郎『株式会社法（第8版）』有斐閣（2021年）648頁）からである。
9)　会計監査人と監査役との非公式な形でのコミュニケーションの機会を増やすことの重要性を主張する意見として、和久友子「監査役監査と公認会計士監査との連携の実務―監査人の視点から―」秋坂朝則編著『監査役監査と公認会計士監査との連携のあり方』同文舘出版（2016年）244頁参照。

を受けた場合には、監査役会等の場で十分に審議・協議した上で、必要に応じて独自に調査したり、取締役に対して必要な対応を促したりするなどの措置を講ずる必要があります。

なお、監査役は会計監査人の報酬同意権があり（会399条）、かつ公開会社の場合は、事業報告に報酬同意理由を開示しなければなりません（会施規126条2号）。したがって、監査役は、執行部門が作成する報酬案に対して、会計監査人に対する評価を踏まえて、その妥当性について合理的な判断を行う必要があります。監査役の実務としては、会計監査人からの要望と経理・財務部門の意見の双方を聴取した上で、法的に執行部門から独立した立場で同意の有無を判断することになります[10]。

(2) 会計監査人と内部監査部門との連携

三様監査は、本来、等距離で相互に連携を図っていく性格のものですが、会計監査人が通常接するのは経理・財務部門であり、独立した組織の内部監査部門との接点は必ずしも深くありません。内部監査部門が、金商法上の財務報告に係る内部統制の評価実務を行っている場合には、会計監査人・内部監査部門双方にとって、評価の視点からもお互いの意思疎通は重要です。

しかし、内部監査は法定監査でないことから、会計監査人は、監査役に対する場合と異なり、内部監査部門に対する報告義務は存在しません。したがって、監査役は、意識的に両者の接点を持たせる役割があります。具体的には、会計監査人が監査役に対して会計監査の実施状況を報告する場所に内部監査部門の担当者が同席し、一緒に意見交換に加わるようにしたり、内部監査部門による内部統制システムの構築・運用状況の評価を会計監査人に説明したりする場があってよいと思われます。監査役として、内部監査部門による評価を会計監査人に説明したり、三者が一堂に会して、意見交換を行ったりすることも有益です。

---

10) 高い監査品質を実現している監査法人が会計監査人候補者に選ばれるためにも、監査品質を表す指標を積極的に開示すべきとの主張もある。浜田康「監査法人の監査品質向上のための一考察（後）」会計・監査ジャーナル29巻9号（2017年）27〜28頁。

（3）監査役と内部監査部門との連携

　社内では監査役監査と内部監査との差異が十分に理解されない可能性があることから、期初の段階で監査役は内部監査担当者との打ち合わせを通じて、相互に重複のない監査実務を行うようにすることが必要です[11]。例えば、監査対象部門に対する監査日程が近接している場合は、ある程度の間隔をあけること、監査の方法も内部監査部門が網羅的なチェックリストを利用している場合には、監査役監査では世間で問題となっている不祥事や前年の監査で指摘した事項の改善状況等、重点を絞った監査を行うことが考えられます。

　同じ社内の監査ということで、監査役スタッフと内部監査スタッフを兼務している会社がみられるように、効率的監査を実施するために、監査役またはそのスタッフが内部監査部門と行動をともにして監査することも否定されるわけではありません。しかし、このような場合も、監査役監査は、法的に取締役の職務執行を監査する役割があるとの視点を常に念頭におくべきです。すなわち、監査を通じて事件・事故を発見した場合にも、その原因が内部統制システムの不備による取締役の善管注意義務違反に起因したものか否かを判断する視点を持っておくべきです。

4／小括

　企業の持続的な発展のためには、コンプライアンス経営が前提です。取締役をはじめとした業務執行者が常にコンプライアンス意識を持って会社の運営に当たることが必要ですが、場合によっては利益優先の意識が先行して、法令・定款違反を犯すことになるかもしれません。このような不祥事を未然に防止するために、監査役・会計監査人・内部監査部門が実効性のある監査

11）監査役の情報収集体制の強化の視点からも、監査役は内部監査部門に対して報告請求権（会 381 条 2 項・3 項）を基に、社内ルール化すべきとの意見がある。日本監査役協会「監査役等と内部監査部門との連携について」月刊監査役 663 号（2017 年）12 頁。

職務を遂行することが重要です。

　会計監査人と内部監査部門に日頃から接することが可能な監査役が、監査役監査にとどまらず、会計監査人監査や内部監査の実効性確保のための相互の調整的な役割を積極的に担っているという認識を持っておくことが大切です。

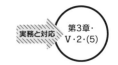
監査役と財務・会計に相当の程度の知見

1 はじめに

　監査役監査、会計監査人監査、内部監査部門監査をまとめて三様監査といいます。三様監査の中で、監査役監査と会計監査人監査は法定監査であり、内部監査部門による監査は任意監査と区分されています。また、同じ法定監査であっても、会計監査人は公認会計士または監査法人（5名以上の公認会計士を社員として設立された法人）でなければならないと会社法で規定しています（会337条1項）。公認会計士は、国家資格の1つである公認会計士試験に合格していなければ就任できないことから、会計の職業的専門家といわれています。

　一方において、監査役は特段、専門的な資格を有することを就任要件とはされていません。監査役の場合は、経理・法務・総務等のコーポレート部門から、営業・購買・技術等に至るまで、社内の様々な部署の出身者が就任しています。社内出身監査役の場合には、どの部門の出身であっても、業務監査上、それまでの職歴を活用できます。例えば、営業出身の監査役の場合は、談合による独禁法違反については、どのあたりにリスクが潜んでいるか肌感覚でわかるケースも多いと考えられます。複数の監査役が就任していれば、職歴による専門性をお互いが補いながら相互の意思疎通を図ることによって、監査役会として法定監査義務を果たすこともできます。

　他方で、公開会社の場合は、監査役・監査等委員・監査委員（以下、まとめて「監査役」という）が財務および会計に関する相当程度の知見を有しているものであるときは、その事実を事業報告に記載しなければならないとの規定

が存在します（会施規 121 条 9 号）。あくまで、財務および会計に関する相当程度の知見を有しているときであって、財務および会計に関する相当程度の知見を有する者であることを法的に監査役に義務付けているわけではありません。しかし、あえて財務・会計の知見者の開示を求めていることは、それ相当の理由があるはずです。

そこで、本章では、監査役と財務・会計の知見者との関係とその意義を確認しつつ、現状と課題を踏まえて今後の在り方について検討することにします。

2 / 事業報告開示と記載状況

（1）事業報告の開示の意義

事業報告は会社の重要な事項について、会社から株主に対して株主総会参考書類として通知・開示され、株主にとって株主総会前の会社からの情報提供の 1 つとして重要な意味を持っています。例えば株主からみれば、計算書類や会計帳簿類を理解したり会計監査人の監査の相当性を判断することができる財務や会計にある程度精通した監査役が望ましいと考えます。したがって、株主への情報提供の実質性という観点からみても、監査役が財務・会計の知見者であることを事業報告に記載することは、意義があります。

また、単に株主への情報提供にとどまらず、事業報告への開示規定は、会社に一定の規律を求める側面もあります。立案過程において、本来は法定化を目指す合理的な理由が認められるものの、一方で反対意見も強く出された場合に、とりあえず事業報告での記載を通じて方向性を示しつつ、実務の定着状況を確認する方法が採用されることが多々あります[1]。公開会社の事業

---

1) 例えば、平成 26（2014）年会社法改正時の社外取締役の選任義務化について、法制審議会会社法制部会で強い反対意見が出されたことから、最終的には、社外取締役をおくことが相当でない理由を事業報告に開示する形で落ち着いた（平成 27（2015）年会施規 124 条 2 項）。
その後、社外取締役の就任は上場会社において 95％を超える実務実態を反映し、令和元（2019）年会社法において、公開会社等の一定の会社には、社外取締役の設置が法定化された（会 327 条の 2）。

報告において、財務・会計の知見者の記載が定められたことは、監査役は、財務・会計の知見者の就任が望ましいとの会社へのメッセージと解せられます。

（2）事業報告の記載状況

　それでは、実務実態として、財務・会計の知見者についての事業報告での記載状況はどのようになっているのでしょうか。日本監査役協会のアンケート[2] からみると、以下の状況がわかります（監査役設置会社かつ公開会社の1,552 社が母数）。

　財務・会計の知見者を記載している公開会社は、1,325 社（85.4％）と約8割半ばの数字となっています。要するに、ほとんどの会社は、何らかの財務・会計に知見を有する監査役が就任していると公表していることになります。その内訳を確認してみますと、財務・会計の知見者である監査役数が3名以上の会社数は712 社（45.9％）と最も多くなっています。

　もっとも、その属性は、非常勤社外監査役が2,137 人（64.4％）と6割を超える割合となっているのに対して、常勤社内監査役は、733 人（22.1％）です。すなわち、財務・会計の知見者である監査役は、非常勤社外監査役が主流となっていることがうかがわれます。

　非常勤社外監査役の出身内訳は、公認会計士・税理士等が944 人（28.4％）、弁護士506 人（15.2％）、金融機関経験者531 人（16.0％）と続きます。弁護士の割合が多いのは意外に思われるかもしれませんが、おそらくファイナンスを専門にしている弁護士がカウントされているものと推察されます。

　一方、常勤社内監査役の出身内訳は、財務・経理部門の役職員が432 人（59.0％）と過半数を占めているのは当然として、その他が179 人（24.4％）となっています。日本監査役協会でのアンケートでは、その他の内訳が明らかではありませんが、財務・経理部門の経験はないものの、経営企画や子会社

2）　日本監査役協会「役員等の構成の変化などに関する第22回インターネット・アンケート集計結果」月刊監査役736 号別冊付録（2022 年）48〜50 頁。

管理の部門で実質的に財務や経理に相当する職歴がある監査役が一定数カウントされているものと思われます。なお、常勤社外監査役総数の367人中、165人（45.0％）が金融機関出身者であることは、財務・会計の知見者であることも期待されて、金融機関から監査役に一定数就任していることがうかがわれる結果となっています。

　日本監査役協会のアンケートから判断する限り、8割半ばもの会社が財務・会計に知見を有する監査役が就任していると公表していることを考えると[3]、その実質性はともかくとして、会社が監査役の選任候補者を検討するにあたり、事業報告への記載を相当程度は意識しているものと推認されます。

（3）監査役に財務・会計の知見者の就任が望ましい理由

　監査役に財務・会計の知見があることが望ましい理由として、大きく次の2点が考えられます。

　第一は、会計監査人設置会社の場合、会計監査人との関係です。近時、三様監査の中で、相互に連携を図る必要性が主張されています。この中で、監査役と会計監査人との連携を考えた場合、会計の職業的専門家である会計監査人と同じ土俵で議論するためには、一定の財務・会計の知識は必要と考えられます。

　特に、上場会社では、「監査上の主要な検討事項」（KAM）に関して、監査役との協議が行われる際に、のれんの評価・収益認識・固定資産の減損・工事損失引当金・偶発債務等の概念や会計処理について一定の知見がないと、会計監査人と十分な議論が行われず、監査役としての適切な意見表明ができないかもしれません。その他、四半期決算関連の定期的な会計監査人との打ち合わせにおいても、そもそも会計用語の理解、企業会計基準の基本的なルールなどの知見がないと、会計監査人と対等に議論することは容易ではな

---

3) 指名委員会等設置会社では34社（97.1％）、監査等委員会設置会社では602社（94.1％）となっており、監査役設置会社より財務・会計の知見者であるとの記載の割合は多い。前掲2）・指名委員会等設置会社版31頁、監査等委員会設置会社版45頁。

い可能性もあります。

　また、監査役は会計監査人の選・解任議案内容の決定権（会344条）や会計監査人の報酬同意権（会399条1項・2項）を適切に行使する必要もあります[4]。もちろん、監査役に就任してから、財務・会計について、研修会やセミナー、書籍等により知識を修得することも大切ですが、1人でも、財務・会計に関する相当の知見を有する者が就任している方が、会計監査人との連携が表層的な関係となる懸念はなくなると思います。このような背景もあり、日本公認会計士協会は、監査役には財務・会計の知見者が選任される必要があると主張しています[5]。

　第二は、会計監査人非設置会社において、監査役が会計監査を行う場合です。この場合は、文字通り監査役の職責として、業務監査とあわせて会計監査も自ら行うことになります。会計監査とは、会社の会計が一般に公正妥当と認められる企業会計の慣行に従っていること（会431条）、および執行部門の日々の会計処理の適切性から期末における適正な計算書類の作成までを監査することです。この場合、監査役が会計帳簿を直接監査することが求められているわけではなく、経理・財務部門からヒアリングを行ったり、公認会計士や税理士等の有資格者に助言を求めたり、必要に応じて一部の会計監査を依頼することも問題ありません。

　しかし、すべてをヒアリングや有資格者に依拠するのではなく、必要最低限は、自ら会計監査をすることは必要です[6]。このためには、貸借対照表をはじめとした計算書類（財務諸表）の読み方や作成手順、会計処理や税務等

---

4) 例えば、神作教授は「監査役の資格に会計・財務に通じたものが含まれることを要件とすれば、監査役の報酬決定権もあると思われる」と主張している。法制審議会会社法制部会「第19回会議議事録」（2012（平成24）年4月18日開催）［神作裕之発言］46頁。

5) 法制審議会会社法制部会第2回会議（2010（平成22）年5月26日開催）に提出された「監査人の選任議案・報酬の決定権に関する論点等について」（参考資料8）2頁。
　なお、日本公認会計士協会が行った監査事務所（監査人）へのアンケート（母数934社）では、上場会社の監査役の資質として、少なくとも1名は財務・会計の知見を有する者が選任される必要があるとの回答が807社（86.4%）あったとのことである。日本公認会計士協会「会計監査人の選任議案・報酬の決定への監査役等の関与に関する調査結果」（2011（平成21）年11月30日公表）27頁。

6) 会計監査人非設置会社の監査役のためのチェックリストの活用も考えられる。チェックリストの一例として、日本監査役協会「会計監査人非設置会社の監査役の会計監査マニュアル（改定版）」（2019（令和元）年11月14日）37〜54頁がある。

についての一定の知見は必要となります。あらかじめ、計算書類作成や会計処理に携わった経験があれば、それほど苦労することはなく対応が可能と思われます。

　ちなみに、日本監査役協会は日本公認会計士協会と異なり、監査役のうち、少なくとも1人は、財務・会計の知見者が望ましいとしてトーンを弱めています[7]。監査役に財務・会計の知見者であることを法的に義務付けると、監査役の就任が1人のみの場合には、必然的にその監査役は財務・会計の知見者に限定されると考えているからと思われます。会計限定監査役（会389条1項）でない限り、監査役は、業務監査においては、財務・会計以外の知見も必要となるからです。

3 財務・会計の知見者に関する課題と方向性

（1）財務・会計の知見の範囲と現実の対応

　改めて、「財務及び会計に関する相当程度の知見を有する者」との条文をみてみますと、かなり漠然とした文言であることがわかります。

　『広辞苑（第7版）』によりますと、財務とは「財の管理・運営についての事務」、会計とは「①金銭・物品の出納の記録・計算・管理、②企業の財政状況と経営成績とを取引記録に基づいて明らかにし、その結果を報告する一連の手続」となっています。要するに、財務とは資金調達や予算や設備管理等を、会計とは金銭や物品の流れを把握して帳簿に記帳し、最終的には財務諸表等の法定書類を作成する概念のように考えられますが、明確な定義や基準があるわけではありません。

　また、「相当程度の知見」の相当の程度や知見についても、形式要件と実質要件のどちらか明確ではありません。例えば20年前まで経理部に所属し

---

7) 法制審議会会社法制部会第3回会議（2010（平成22）年6月23日開催）に提出された「監査役制度の実効性確保に関する日本監査役協会の考え―制度的担保の必要性―」（参考資料12）4〜5頁。日本監査役協会の築舘会長（当時）も、同趣旨の発言を行っている。同部会「第3回会議議事録」［築舘勝利発言］33頁。

ていたものの、その後はまったく別の部門に異動した部長が監査役に就任したときは、財務・会計の知見者に該当するのか、もしくは、財務・経理部門の職歴はないものの、監査役に就任する直前に取締役管理部長として経理部門を管掌する立場にいた場合は該当するのか不明です。現役の公認会計士や税理士は、形式要件として該当することに異論はないと思いますが、若い時に公認会計士の資格を取得したものの、長らく公認会計士としての業務に携わっていなかった場合は、本人としては形式要件を満たしていても、実質要件として財務・会計の知見があるとされることに躊躇すると思われます。

　他方、コーポレートガバナンス・コード（以下「CGコード」という）では「監査役には、適切な経験・能力及び必要な財務・会計・法務に関する知識を有する者が選任されるべきであり、特に、財務・会計に関する十分な知見を有している者が1名以上選任されるべきである（傍点筆者）」（CGコード原則4-11）と記載しています。CGコードでは、適切な経験・能力と関連知識の必要性を示していることから、事業報告が記載を要請している文言と比較すれば、少しは明確化されているともいえます。CGコードによれば、相当以前に経理部門に在籍していた職歴のある総務部長が監査役に就任する際には、経理部門での経験を活かして財務・会計の能力を維持し、監査役として職務を遂行するのに十分な知見を有していれば財務・会計の知見者であるということになろうかと思います[8]。

　しかし、CGコードの要件でも、経験の程度（経理部門の在籍期間や管理職経験の有無）や能力基準となる指標があるわけではありません。この点については、明確な定義や基準がない以上、実務の現場ではどのように対処すべきか悩むことが多いと思います。特に、CGコードの場合は、事業報告の場合と異なり、Comply or Explain（実践さもなくば説明）となっていることから、拡大解釈して、監査役に財務・会計の知見者が就任しているとして、

---

8) 米国でも、証券取引委員会規則において監査委員に少なくとも1人の財務専門家が就任することになっているが（就任していないときにはその理由の開示）、財務専門家とは、一般に認められた会計原則の理解と適用能力を有すること、財務諸表の作成・監査・分析・評価の経験を有するとともに、財務報告の内部統制や監査委員会の機能を理解しているものを指しているとのことである。弥永真生『コンメンタール会社法施行規則・電子公告規則（第3版）』商事法務（2021年）693頁。

Explain していないケースも、実態としては十分にあり得ると推認されます。

　また、事業報告においても、形式要件（公認会計士や税理士資格者、経理部門に入社以来在籍）のみならず、相当性があるという自己評価をして記載しているケースが一定数あると思われるのは、日本監査役協会のアンケート結果からもいえると思いますし、現行法令の規定ぶりではやむを得ない状況と考えます。

（2）財務・会計の知見者であることの今後の論点

　監査役の職務には、会計監査人との連携および会計監査人の監査の相当性や会計監査人の報酬同意権の行使等があり、会計監査人非設置会社においては、自ら会計監査を実施しなければならないことから考えて、監査役に財務・会計の知見が必要であろうということについて、正面から反対する意見は多くはないと考えます。他方で、今後の論点として次の3点が考えられます。

　第一には、複数名の監査役が就任している会社では、そのうち少なくとも1人は、財務・会計の知見者の選任を法定化することがあります。この場合、非常勤社外監査役が該当することでも問題はありません。会計監査人との会合において、通常は非常勤社外監査役も同席しますので、社外監査役であっても、十分にその職責を果たせるものと考えます。

　第二には、常勤監査役に財務・会計の知見者が就任していない場合には、監査役スタッフに財務・経理部門出身者を配属すべきと思います。業種・業態によって特有の会計処理がありますので、その点に精通したスタッフを配属し、監査役をサポートすることは有意義と考えます。特に、監査役が1人の会社では、財務・会計の知見者である監査役の就任が困難な場合も想定されますので、この場合は、財務・経理出身のスタッフは必須であると考えます。専任が困難であれば、少なくとも財務・経理部門との兼任は考慮すべきです。

　CG コードに則って無理に Comply するよりは、財務・経理出身のスタッ

フを配属しているという Explain をした方が CG コードの本来の趣旨に則っていると思います。

第三は、現行の会社法施行規則で規定されている「財務及び会計に関する相当程度の知見を有しているもの」の定義を明確化すべきです。例えば、現役の公認会計士・税理士または簿記検定 1 級保持者、財務・経理部門在籍 10 年かつ管理職経験者、金融機関出身者かつ企業会計の実務経験者等が該当すると考えられます。定義そのものとして規定するか、あるいはガイドラインや基準として示すことは検討の余地があります。

4 小括

監査役の財務・会計の知見者の開示を拡大解釈し、本来期待される知見者ではなかったとしても、そのことが直ちに問題となるわけではありません。

一方において、法令が要請している役割を適切に果たすことができる財務・会計の知見者の選任が会社ひいては株主の共同の利益に合致します。また、何より、企業の実務担当者（事業報告の開示をとりまとめる総務部門等の担当者）が対処に悩む状況におかれていることは、健全な状況ともいえません。

M&A をはじめとして組織再編行為（合併・会社分割等）の計画・実行や会計不祥事に遭遇する場合には、監査役としては、会社の会計処理等を自ら監査すること、または財務・経理部門からのヒアリングや会計監査人との緊密な連携が重要となります。

このためにも、財務・会計の知見者の開示をするにあたって、この点を社内外から評価される監査役が就任し、かつ自らがその自覚を持って職責を果たすことが株主や投資家からの期待に沿うことになります。

第 **3** 章

監査役の適法性監査と
妥当性監査

1／はじめに

　監査役の職歴は、経理・財務部門、総務・法務・内部監査部門等のコーポ
レート部門から、営業・購買等の原局部門まで多様です[1]。監査役監査は、
会計監査に限らず、業務監査全般に及ぶことを考えると、例えば、営業出身
の監査役であれば、談合等の独占禁止法違反のリスクについて肌感覚で意識
できることから、営業部門の監査は、非営業出身の監査役と比較して取り組
みやすいはずです。会計監査人と異なり、監査役は専門の法的資格要件は要
求されていないものの、監査役に選任される前までの職歴を生かすことがで
きる職位といえます。

　もっとも、監査役は、法的には非業務執行役員に位置付けられることか
ら、直接、営業施策や方針等に係る指示をすることは想定されていません。
他方、取締役会や重要会議において、法令・定款違反の有無の確認および必
要に応じて意見陳述を行うことは、監査役としての善管注意義務を果たすこ
とになります。それでは、法令・定款違反以外の点について、意見陳述する
ことは可能なのでしょうか。法令・定款違反の有無に関する監査を適法性監
査、業務執行の是非に関する監査を妥当性監査と総称すれば、監査役は妥当
性監査権限まで及ぶかという論点です。

　監査役の業務監査を巡っては、適法性に限るとする適法性監査限定論と妥

---

[1]　日本監査役協会のアンケートによると、最も割合が大きい社内監査役の前職は、監査関係以外の部長等
で22.9％（会社数869社）とのことである。日本監査役協会「役員等の構成の変化などに関する第22
回インターネット・アンケート集計結果」月刊監査役736号別冊付録（2022年）17頁。

当性まで及ぶとする妥当性監査論について神学論争といわれるほど、昔から議論が行われてきました。そこで本章では、これまでの論点を整理した上で、監査役監査の実務の点からはどのように考えるべきか確認したいと思います。

2／適法性監査限定論および妥当性監査論の根拠

(1) 従来の通説

監査役の責務は、取締役の職務執行における善管注意義務違反の有無について監査業務を通じて調査・確認し、最終的には事業年度として監査役(会)の監査報告に記載した上で、株主に提出することです。監査の過程で、取締役に重大な法令・定款違反があれば、取締役(会)に報告したり、取締役や会計監査人から不正行為の報告がなされた場合には、監査役の法的権限を行使して、取締役(会)に是正を申し入れたり、自ら取締役の行為差止請求の申立てを行う（会385条1項）などの適切な対応が求められています。このような監査役の行為は、取締役の職務につき法令・定款違反に関連した内容に限定されるというのが適法性監査限定論です。

監査役は、業務監査の一環として、執行部門に対して業務報告請求権や調査権限を行使（会381条2項）し、執行部門から直接ヒアリングを行ったり、重要会議に出席します。この過程で、取締役をはじめ執行役員以下に意見や所感を述べたりします。適法性監査限定論に基づけば、これら手段は、あくまでも取締役以下の法令・定款違反行為の有無を確認するためであり、業務の妥当性監査を目的としたもの、あるいは案件の妥当性や評価の発言を行うことは、法の趣旨に反するということになります。

学界では、適法性監査限定論が通説となっています。その主な根拠として、会社の業務執行の意思決定は、取締役(会)が行うものであり、その意思決定に監査役が関与すると、合目的・能率的な経営方針の決定を妨害することになること[2]、業務執行の決定権限も責任もない監査役が業務執行の当不

当を云々するのは監査権限を逸脱すること[3]、などが主張されてきました。要するに、業務執行権限がない監査役が妥当性について発言したり、監査の対象としたりすることは、経営執行の二元化の観点から許容されるものではないこと、監査役が株主への報告として責任を持つ内容は、取締役の職務執行について不正の行為または法令・定款違反の重要な事実の有無や、事業報告が法令・定款に従っているかについての意見であり（会施規129条1項2号・3号）、取締役の業務執行の妥当性の監査結果や意見陳述が要請されているわけではないことという主張がその根拠となっています。

　他方で、監査役監査が適法性に限るとの明文規定がないことを根拠として、妥当性監査にまで及ぶとする主張や[4]、適法性の監査過程で事実上妥当性の判断を加えることもあるため、監査役が妥当性監査まで可能かという一般命題を設定すること自体が疑問であるとの主張[5]も、少数意見として存在しました。また、折衷論として、監査役監査は適法性監査が中心ではあるが、取締役の職務執行が著しく不当な場合にそれを指摘するような限定された範囲では妥当性にも及ぶとする主張も存在していました[6]。

（2）現行法令の下での解釈

　適法性監査限定論が学界における通説とはいえ、2006（平成18）年5月1日から施行された会社法・会社法施行規則の下では、適法性監査限定論から踏み出して妥当性監査まで及ぶと思われる規定があることから、適法性監査限定論を強く主張することはあまり聞かれなくなりつつあります。

　具体的には、監査役は、執行部門による買収防衛策や内部統制システムの基本方針・運用状況の相当性を監査役（会）の意見として監査報告に記載すること（会施規129条1項5号・6号）、株主代表訴訟制度において、株主による

2）矢沢惇「監査役の職務権限の諸問題（下）」旬刊商事法務696号（1975年）3〜4頁、大隅健一郎＝今井宏『会社法論中巻（第3版）』有斐閣（1992年）304頁。
3）鈴木竹雄＝竹内昭夫『会社法（第3版）』有斐閣（1994年）314頁、龍田節『会社法（第6版）』有斐閣（1998年）124頁。
4）田中誠二『会社法詳論（上）（三全訂）』勁草書房（1993年）723〜724頁。
5）関俊彦『会社法概論』商事法務研究会（1994年）318頁。
6）上柳克郎＝鴻常夫＝竹内昭夫編集代表『新版注釈会社法（6）株式会社の機関（2）』［竹内昭夫］有斐閣（1987年）445頁。

取締役への提訴請求に対して、取締役に責任があっても提訴しないとする妥当性判断を行う不提訴理由通知書制度（会847条4項）、会計監査人の報酬同意理由を妥当性の観点から事業報告に記載すること（会施規126条2号）などです。

　例えば、株主代表訴訟の不提訴理由通知書制度では、監査役は、株主からの取締役に対する提訴請求を受けて60日以内に調査し、訴え提起の是非の判断を行った上で提訴しないと判断した場合に、株主から請求があったときには、不提訴理由通知書として書面で通知しなければなりません。監査役が取締役の責任追及をしないという判断の中には、取締役の責任が認められるものの、訴訟コストとの比較を考慮して当該取締役の責任追及を行わないという視点からの判断もあります（会施規218条3号）。このような判断は、会社としての政策的な内容を含むものであり、妥当性判断そのものです。

　このような点から考えると、「監査報告の内容の拡充振りをみると、もはや監査役の権限は、単に適法性監査に限られるとはいえず、相当性に関する監査にも及んでいる」ことから「監査役の取締役会における発言においても、適法性に関するものに限定されず、妥当性または相当性に関するものにも及ぶことができると解される」との主張[7]につながっています。すなわち、会社法では、旧商法と比較して、監査役の適法性監査限定論から一歩踏み出した規定ぶりが見受けられるため、妥当性監査にも及ぶと解することができるという主張も有力になってきています。

　別の見方をすれば、第三者割当増資や買収防衛策の策定等、経営者と株主との利害が衝突するにもかかわらず株主総会から取締役会に授権されている内容などについて、経営者と株主が対立する場面において、法的に経営執行部門から独立した監査役が主体的に調整する機能を持っていると考えられます。また、監査役は取締役の善管注意義務違反の有無を監査する職責がある以上、「実際問題としては、妥当性にかかわる事項についても監査権限を有することとほとんど変わりはない」[8]ともいえます。

7）前田庸『会社法入門（第12版）』有斐閣（2009年）496頁。
8）神田秀樹『会社法（第24版）』弘文堂（2022年）268頁。

3 / 妥当性の問題と監査役

(1) 基本的な考え方

　現行法令の規定ぶりから考えても、監査役が適法性監査限定であることを過度に意識する必要はないと考えられます。また、現実的に具体的な法令・定款違反に該当しなくても、M&A 等の業務執行の結果、会社に多額の損害を生じさせた場合も、経営判断原則[9] に該当しなければ、取締役の善管注意義務違反となります。したがって、監査役には、取締役の業務執行の判断の過程や内容の合理性を見極めるために、妥当性の観点の意識も必要といえます。

　他方で、監査役が執行部門の業務執行に一方的に介入することは、経営執行の二元化につながり、効率的な経営を阻害する要因になり得ることも事実です。代表取締役をはじめとした取締役等の執行部門と対立することにより業務監査が円滑に遂行できなくなると、会社全体からみてもマイナスとなります。

　もっとも、具体的な場面において、監査役がどこまで発言したらよいか迷う局面も大いにあると思われます。そこで、以下では具体的な場面に沿って考えていきます。

(2) 具体的に想定される場面での実務

① 取締役会での発言

　監査役は取締役会に出席した上で、意見陳述義務があります（会383条1項）。監査役は取締役会での議決権はないものの、取締役会に上程される案件に対して、適法性に問題がないか、判断の前提となる情報収集等に不注意

9）　米国の判例法理において、Business judgment rule として発達した考え方であり、取締役には広い裁量の幅が認められている中で、事後的・結果論的に評価されることは、取締役の行為を萎縮させることとなり、株主の利益にもならないとする考え方である。わが国においても、判例（「アパマンショップHD株主代表訴訟事件」最判平成22年7月15日判時2091号90頁）・学説において確立している。

による誤りがなく、かつ判断の過程や内容に著しく不合理な点がないかといった経営判断原則の適用の有無を確認します。

　また、取締役による事業部門への過度な利益要請によって、法令・定款違反につながるおそれがないかについても注意深くみる必要があります。さらに、取締役が取締役会の構成メンバーの1人として、他の取締役の職務を監督しているか否か（会362条2項2号）を見極めることも、その職責の1つです。とりわけ、経営判断原則の適用有無について、経営判断の前提となる情報収集の質・量ともに適切か否かに関し、その妥当性に疑義があれば発言することになります。

　このような監査役の取締役会での発言は、取締役会での業務執行の意思決定（会362条2項2号・4項）の過程において、重要な役割を果たします。監査役が発言を行ったときには、基本的には議事の経過の要領と結果に影響を与える場合も多いため、会社法上の正式な書類である取締役会議事録に記載しておくことが大切です（会369条3項、会施規101条3項4号）。

② 社内会議・委員会での発言

　監査役が社内の重要会議や委員会に出席することは、監査役としての業務監査の一環として捉えることができるため、基本的に執行部門が監査役の出席要請を拒否することは法的にはできません[10]。重要会議にオブザーバーで出席する場合には、その会議における議論の様子や意思決定の過程を注意深く観察することにより、取締役の善管注意義務違反の有無について心証形成し、期末における監査役（会）監査報告の結果の判断記載の一助にします。

　重要会議の場において業務執行案件の提案・審議をし、最終的には取締役会に上程するための方向性を出そうとしている場合には、取締役会よりはるかに活発な意見交換が行われることが通例です。同じ事業部門内の会議であれば、執行役員以下は、部門長である取締役に説得的な説明を行うように努めますし、法務や財務担当も加わる会議では、法的問題点や会計上の課題等

---

10) 子会社に対する業務報告請求権や調査権については、子会社は、自社に正当な理由があるときは拒否できる（会381条4項）。

が議論されることが一般的です。

　このような会議等でも、監査役が適法性監査の観点に限定した発言に必ずしもこだわる必要がないのは、取締役会の場と同様です。もっとも、取締役会の場合と異なり、社内上の意思決定の方向性が実質的に決められる場合が多いことから、監査役の発言がその意思決定に直接影響を及ぼすこともあり得ます。

　監査役の発言が将来の会社の事件・事故につながるおそれを懸念したものであればともかく、営業部門の拡販戦略や技術開発部門の今後の商品開発計画等のような、業務執行そのものに直接関わる内容について積極的に発言することは、非業務執行役員としての監査役の役割を逸脱したとの社内的な評価にもなりかねません。

　もちろん、古巣の職場から内々のアドバイスを求められたり、重要会議の場で案件の提案責任者から妥当性に係る意見を求められたりしたときに、あえて拒否する必要はないと思います。監査役に対して該当部門が積極的に意見を求めてきていることについて、監査役が一個人として、社内のアドバイザーとしての発言まで否定されるべきではないと考えられるからです。

　監査役としての立場というよりも、元の業務執行者としての意識から、業務執行を具体的に指示したり、意思決定を左右したりするほどの強い影響力を持つ発言ならば、社内でも行き過ぎではないかという意見が出る可能性があります。

4 / 小括

　社内出身の常勤監査役の場合は、監査役就任の前職は業務執行者であることが一般的です。しかも、会社法上の役員である監査役の前職は、取締役・執行役員・部長等の上級職位が圧倒的に多い実態があります[11]。社内的には前職の役職の意識が周囲に強いため、業務執行側が監査役の発言に影響を受

---

11) 最も多いのが部長で34.1%（1,295人）、次に会長・社長を含む取締役の28.5%（1,081人）、以下、執行役員の15.6%（591人）と続いている。前掲1)・17頁。

けて意思決定をすることも考えられなくもありません。

　監査役が適法性に関わることに限定して発言する必要が必ずしもないことは、現行法の規定をみても明らかです。一方で、非業務執行役員としての法的立場を認識した上で、経営執行の二元化につながらないような意識も必要といえると思います。

　監査役は、社内の全事業部門と関わりを持ちます。業務執行の事業部門が、会社全体の利益というよりも事業部門内の利益を優先する行為のおそれもある中で、全社を横断した視点で代表取締役とは別の観点から、経営執行の二元化にならないように留意しつつ、監査役が適切な意見を積極的に陳述する意義は大きいと考えるべきです[12]。

---

12) コーポレートガバナンス・コード（東京証券取引所、2021年6月11日改訂版公表）でも、監査役（会）は、業務監査・会計監査をはじめとした「守りの機能」を含めて、自らの守備範囲を過度に狭く捉えることは適切でなく、取締役会や経営陣に対して適切に意見を述べるべきであるとしている（CGコード原則4-4）。「守備範囲を過度に狭く捉えること」とは、適法性監査に限定することと解される。

まとめ

　監査役は、法的に業務執行部門より独立した立場から、コーポレート・ガバナンスの一翼を担う役割があります。「コーポレート・ガバナンス」は法的に定義付けされた文言ではないため、識者によって、その解釈には差がありますが、少なくとも、コンプライアンス経営（法令遵守経営）を行うことを意味していることには異存はないと思われます。

　もっとも、法令以外でも、例えば東京証券取引所上場規程のようなソフト・ローから各種のガイドラインに至るまで、企業が社会的責任（いわゆるCSR）を果たすためには、法令と同様に遵守すべきものや、会社経営に当たる際に留意する必要があるものが多々あります。

　他方で、法令等遵守をすることが直ちに会社収益に直結しないことが多いために、厳しい企業間競争を繰り広げている取締役ら経営陣にとって、法令・定款遵守の意識が希薄になって、結果的に収益第一主義に陥りやすい可能性がないわけではありません。もちろん、企業収益を向上させ、会社の所有者たる株主に適切に還元することも会社経営にとって重要です。いわゆる法令等遵守の「守りのガバナンス」に限定されることなく、将来に向けた「攻めのガバナンス」も必要です。しかし、「攻めのガバナンス」は、「守りのガバナンス」が前提となっていることを忘れるべきではありません。

　監査役・取締役ともに、両面のガバナンスを意識する必要があります。監査役は「守りのガバナンス」のためのみに職務を遂行し、取締役は「攻めのガバナンス」に注力すればよいわけではありません。監査役と取締役以下執行部門が各々の立場からよい意味での緊張感を持ちつつも、企業の持続的かつ健全な発展を遂げていくという同じベクトルに向かって、コーポレート・ガバナンスの整備・改善のための率直な意見交換を行い、会社経営に活かしていくことが大切です。

　しかし、取締役以下執行部門と比較して、監査役や監査役を支えるスタッフの員数は圧倒的に少数であるのが実態です。このために、監査役にとって、同じ監査業務を職責とする内部監査部門や会計監査人の三様監査との連携は極めて重要となってきます。法定監査であるか任意監査かにとどまらず、三様監査の監査手法や視点の違いを意識しつつ、具体的な連携の手法を確立していくべきです。

　会計監査人との連携では、監査役には財務・会計に相当程度の知見がある者が就任していることが望ましいとされていることから、会社法施行規則において、財務・会計に知見がある監査役の開示を規定しています。もっとも、監査役が複数名就任していれば、そのうちの 1 人が財務・会計の相当程度の知見を有する者であることも可能かもしれませんが、会社によっては、経理部門出身の適任者が不在であったり、経理・財務部門の人材が手薄であるなどの諸事情によって、必ずしも財務・会計の知見者の監査役への就任が容易ではないこともあろうかと思います。この場合は、監査役自身が財務・会計の一定の知識を書籍や研修等で補うばかりではなく、スタッフに経理経験者を配置する、もしくは公認会計士や税理士等の有資格者とアドバイザリー契約を締結するなどを検討することも一計と思います。横領等の直接的な会計不正に限らず、企業における事件や不祥事は、会計処理に関係することが多い事実からも、監査を遂行する上において、財務・会計の知見がある者の必要性は、監査環境の整備の一環として理解すべきです。会計監査人との連携がより有益となるような監査役の職歴やスタッフの配置については、（代表）取締役の理解が不可欠です。このために、（代表）取締役と意思疎通を図ることも大切です。

　取締役会での議決権を有する監査委員・監査等委員は別にして、監査役は、適法性監査か妥当性監査かという問題にどう対処すべきか、一度は悩まれることが多いようです。監査役の前職は、他社の監査役から就任した場合を除けば、執行部門に所属していた者がほとんどです。執行部門では、業務執行行為の妥当性の問題に日々遭遇しながら、承認を求めたり報告をすることを繰り返してきたと思います。

　監査役の職責である取締役の職務執行を監査することは、取締役の職務執行に関し、不正行為や法令・定款違反の重大な事実があったときは、その事実を監査役（会）監査報告を通じて株主に通知すること（会施規 129 条 1 項 3 号・130 条 2 項 2 号）から、監査役は適法性監査のみに限定するという主張には一理あると考える向きも多いですし、学界でも適法性監査限定論が通説といわれてきました。また、企業実務の現場でも、監査役が前職として就任していた部門の意思決定に直接関わる意見を主張することは、後任者にとってみれば、感情面も含めて越権行為であると考える可能性もあります。会社全体としてみれば、経営執行の二元化ということになります。

　しかし、プロジェクト推進の妥当性、敵対的買収に対抗する買収防衛策の妥当性、取締役の責任追及をすべきか否かについて、会社や株主共通の利益を総合的に考慮した上で、監査役として色々な局面で妥当性について意見交換をしたり、意見具申をすることは多いと思います。コーポレートガバナンス・コードでも、監査役は自らの守備範囲を狭く捉えることは適切ではないと記載しています（CG コード原則 4-4）。

　大切なことは、経営執行の二元化の問題は意識しつつも、その発言権が適法性にのみ限定されていると監査役自身が考える必要はなく、むしろ、監査役の立場から必要に応じて、代表取締役以下の執行部門に積極的に意見を述べることに躊躇する必要はないということです。会社によっては、取締役等との意思疎通を通じて、執行部門の意識改革を図っていくことも必要かもしれません。

　監査役自身が適法性監査という狭い意識にとらわれることなく、取締役会等の場を通じて、執行部門に対して、積極的な意見具申や注意喚起を行いつつ、業務報告請求権や調査権等の法定監査権限を活用することでその職責を果たすことになります。

第 **II** 編

監査役監査の環境整備

監査役が意思疎通を図るべき者との連携の視点と方策

1 はじめに

　監査役は、取締役等の執行部門から法的に独立しているといわれます。もっとも、法的に独立しているという文言が会社法に直接的に規定されているわけではありません。法的独立性を示す条文内容からそのように解されています。具体的には、監査役の選任や任期に関わる事項です。

　株主総会における監査役の選任議案は、取締役とは別個の議題とした上で、監査役を選任します（会329条1項）。株主総会で選任された取締役が人事権を行使して監査役を決定すると、監査役の人事が取締役に完全に掌握され、取締役の職務執行の監査を十分に行うことができない懸念が生じるからです。

　また、監査役の任期は4年であり、取締役の任期である2年（定款に定めれば短縮も可能）より長くなっています（会336条1項）[1]。これは監査役が会社の都合により短期間で交代させられるのではなく、監査役の地位が確保され、その結果として独立性が維持されるであろうとの趣旨です[2]。

　さらに、会社が監査役の選任議案を株主総会に提出する際は、監査役（会）の事前の同意が必要となります（会343条1項）[3]。現任の監査役からみてその職務を遂行するにあたり、新任候補者が明らかに適任でないと判断したならば、不同意とすることにより取締役に再考を促すこととなります。

---

1) 監査等委員は2年（会332条1項）、監査委員は1年（会332条6項）である。
2) もっとも、4年任期より前に退任しても罰則規定はないことから、役員人事の一環として、現実には4年の任期を全うする前に退任しているケースもないわけではない。
3) 監査委員の場合は、指名委員会で決定するため、監査委員による事前の同意手続はない。

　また、監査役は、監査役の選任・解任・辞任について株主総会で意見を陳述する権利もあります（会345条4項）。これは取締役から合理的な理由もなく、理不尽に解任や辞任を強要されたときに、株主にその事情を説明し翻意を促す意味があります。

　もっとも、事前の同意権や株主総会での意見陳述権は、監査役が実際にその権利を行使するというより、取締役の監査役に対する不当な介入への抑止効果を期待した規定と考えられます。また、監査役は、会社または子会社の取締役および使用人を兼務することはできません（会335条2項）。子会社を含めた執行部門の役職員との兼務は、自己監査につながり、監査役としての独立性が維持できないからです。

　上記のように、監査役は執行部門から独立した立場から、取締役の職務執行を監査する権限（会381条2項）がありますが、一方において、監査役は職務を遂行するにあたり、執行部門と一切関係を持つべきではないということを意味しているわけではありません。取締役等の執行部門も監査役も、会社の持続的発展のために必要なガバナンスを構築するという共通の目的があるからです。また、ガバナンスの構築のために、監査役は取締役等に限定せず、会計監査人や第三者委員会等の会社機関や組織とも連携をとる必要もあります。

　そこで、本章では、監査役が意思疎通を図るべき対象者との具体的な連携の視点と方策を考えてみたいと思います。

2 監査役として意思疎通を図る意義と対象者

（1）法務省令の規定と趣旨

　法務省令では、監査役はその職務を適切に遂行するため、当該株式会社の取締役や子会社の取締役等と意思疎通を図り、情報の収集および監査の環境の整備に努めなければならないと規定されています（会施規105条2項）。会社法施行規則が新たに制定された際に規定された条文ですが、意思疎通を図

るという一般的な内容を法令で規定することは珍しいことです。これは、会社法施行規則を制定する数年前に、日本監査役協会が監査役監査基準を大幅に改正した際に新たに規定した考え方を取り入れたものです[4]。

　監査役が意思疎通を図る者としては、①取締役、会計参与および使用人（会施規105条2項1号）、②子会社の取締役、会計参与、執行役および使用人（会施規105条2項2号）が列挙されています。監査役は、非業務執行役員と位置付けられていることから、業務執行の関連の情報が執行部門から当然として報告されるわけではなく、また監査役スタッフも多くの会社で十分な人数が確保されていないために必ずしも必要な情報を収集することができないという懸念があります。また、監査役スタッフを含めた監査役全員の職歴からみて、社内業務すべてについての専門性や知見を網羅しているとは限りません。

　そこで、取締役等の執行部門と意思疎通を図りつつ連携することによって、これらを補うことが望ましいということになります。しかし、意思疎通を図る場合に、監査役が取締役等の執行部門に一方的に依存するという意味ではなく、執行部門としても監査役独自の法的権限の活用を意識して意思疎通を図ることが必要です。

　取締役は、会社に著しい損害を及ぼすおそれがある事実を発見したときは、監査役への報告義務がありますので（会357条1項）、このような有事の際に監査役に遅滞なく報告するためには、平時のときから、執行部門には監査役との意思疎通を図る意識を持ってもらう必要性があります。

　また、執行部門以外にも、監査役が適切に職務を遂行するにあたり意思疎通を図るべき者という規定があることから（会施規105条2項3号）、社外の者とも連携の必要があります。具体的には、三様監査の一翼を担う会計監査人が想定されます。会計監査人は、公認会計士の資格を保有している外部の会計の職業的専門家です。平時のときから、会社内の会計不祥事やそのおそれ

---

4) 2004（平成16）年に改正された監査役監査の実施基準の第3条4項において、「監査役は平素より会社及び子会社の取締役及び使用人等との意思疎通を図り、情報の収集及び監査の環境の整備に努める。」（日本監査役協会「監査役監査基準」2004（平成16）年2月12日改正）と規定された。

に対して、同じ監査を行う立場から緊密な連携を図ることが大切であるはずです。また、会計監査人は、会計監査を通じて取締役の重大な不正行為や法令・定款違反の重大な事実を発見したというような有事の際にも、遅滞なく監査役に報告する義務があります（会397条1項）。

さらに監査役には、他の監査役、親子会社の監査役との意思疎通の努力義務も規定されています（会施規105条4項）。監査役は、監査役間での多数決の決定に従う必要は必ずしもなく、自らが正しいと考えたことを社内外に対して意見表明を行ったり行動を起こしたりすることができる独任制を特徴としています。他方で、お互いに意思疎通を密にして、監査に関する意見形成を図ることは重要と考えられます。

また、子会社の監査役との間でも、親会社監査役には、子会社に対する業務報告請求権や調査権があることから（会381条3項）、これら権限が正当に行使されるために、親子会社の監査役間における意思疎通は必要です。

(2)（代表）取締役との連携

① 連携の意義

監査役の職務が取締役の職務執行の監査であることから考えて、代表取締役をはじめとした取締役との関係はとりわけ重要なものになります。監査役には、取締役会への出席と意見陳述義務がありますが（会383条1項）、取締役との個別の意見交換を通じて、監査役が監査を通じて懸念している事項を説明したり、取締役からの監査役への個別の要望等を確認する意義は大きいものがあります。現実問題として、（代表）取締役には、都合のよい情報は部下等からいち早く報告されるのに対して、都合が悪い情報は報告が遅れたり、報告そのものが行われない可能性もあります。

したがって、社内のリスク管理上の不備や内部統制システムの問題と考えられる点について、監査役監査で得た情報や状況を監査役から取締役にタイムリーに説明するとともに、今後に向けた対応に関して相互に意見交換を行うことは、（代表）取締役にとっても有益と思われます。

② 連携のための具体的方策

　まずは、相互の意見交換の場を定例化し、連携の定着化を図ることが肝要と思います。もっとも、必要に応じて行う不定期の開催とすると、日時の調整ができずに終わってしまう可能性があります。可能ならば、各年度の初めに、意見交換の会議の日時をあらかじめ設定しておくことが考えられます。仮にそこまでいかなくても、四半期ないしは半期に一度開催ということは確定しておき、数ヶ月前に日時を決めるという方法もあります。

　具体的な議題としては、期初の監査計画策定結果の説明、期中における監査役監査の実施状況と監査対象部門への指摘事項の説明、期末時期における年度末の監査結果の説明があります。もっとも、これらは取締役会で説明することが定例化しているということであれば、あえて個別にする必要はないとの考え方もあります。

　他方、限られた時間内における取締役会での報告では説明が足りない、もしくは個別に立ち入った内容について説明する意義があると考えるならば、やはり個別の意見交換会の機会を設ける意義はあると思います。

　いずれにしても、(代表)取締役との率直な意見交換を行うことが会議の趣旨であることから、多くの資料を事前に準備することや、詳細な議事録を作成することにこだわるのではなく、資料についても必要に応じて簡便な議題や議案がわかるものを準備すればよいと考えます。

　また、非常勤社外監査役も同席することは一考に値します。非常勤社外監査役と(代表)取締役の接点を取締役会のみで行うのではなく、非常勤社外監査役として取締役会の議題・議案とならない会社運営事項について気がついたことなどを、社外の視点から率直に意見具申したり意見交換を行うことは、(代表)取締役にとっても有益なことが多いと思われます。

(3) 内部監査部門との連携

① 連携の意義

　内部監査部門は、監査役と同様に社内の監査を行う立場であり、リスク管理の観点からは3線（ディフェンス）ラインと位置付けられていることから[5]、

相互に補完関係にあるといえます。補完関係には、内部監査部門が監査を実施した中で監査対象部門に対して指摘した事項について、監査役の業務監査の際にその点が改善されているか確認することがあります（その逆もあり得ます）。

　また、内容的にも日程的にも監査の重複を避けることにより、監査を受ける対象部門が形式的な監査対応となることを回避する意義もあります。

② 連携のための具体的方策

　内部監査部門との連携では、一事業年度において、期初・期中・期末という3つの時期に分けて連携実務を考えるとわかりやすいと思います。

　期初においては、監査計画の相互説明・確認が出発点となります。その際に、監査の方法として、チェックリストを利用するのか、モニタリング重視とするのか、ヒアリングをベースとするのかなどを相互に確認します。

　また、監査日程の確認も大事なポイントとなります。仮に、両者の監査日程が近接している場合には、相互に調整して少なくとも3ヶ月程度は監査時期を離すなどの工夫が必要です。なぜなら、監査時期の近接は、とりわけ監査対象部門にとって負担感が増すことになり、形式的な対応に拍車がかかる懸念が高まるからです。

　相互の具体的な連携の方法として、あらかじめ、両者の意見交換のための会議日程を決めておくと効果的です。また、期初の段階で相互の要望事項の確認を行います。例えば、内部監査部門が内部通報制度の窓口となっている場合には、監査役から内部監査部門に対して、都度、内部通報件数と通報内容の報告をしてもらうことを要望すべきと思われます。

　次に、期中においては、監査の実施状況と結果の相互報告があります。具体的には、事業部別や部門別に監査を実施した中で指摘した点や改善要望事項の報告・説明です。上場会社の場合、内部監査部門が財務報告に係る内部統制システム（いわゆるJ-SOX）の対応を担っている場合が多いこともあり、全社レベルの内部統制システム上の課題・問題点の有無と改善の方向性につ

5) 竹内朗編『図解 不祥事の予防・発見・対応がわかる本』中央経済社（2019年）40頁。

いて意見交換を行うことは極めて有益です。企業会計審議会が作成した実施基準（2007（平成19）年2月15日公表）においては、財務報告に係る内部統制の評価手順として、全社レベルの内部統制の評価が出発点となっているからです。

　なお、内部監査部門も執行部門の一部門として、監査役監査の対象部門であることから、内部監査部門を期中の業務報告聴取の最後の部門にして、期中時点の監査の実施状況と結果を総括的にヒアリングすることも考えられます。

　期末においては、事業年度としての監査結果について、相互に説明し意見交換することになります。内部監査部門による全社を総括した監査結果の説明を受けるとともに、監査役監査結果についても内部監査部門に説明をします。

　監査役（会）監査報告は、日本監査役協会のひな型ベースとなることが多いのに対して、内部監査部門が監査結果をまとめた書類は、特定団体のひな型があるわけではないので各社各様であり、監査役の期中監査における業務監査調書のように率直に記載されていることも多くなっています。

　もっとも、株主に提出する監査役（会）監査報告と齟齬がないことを、最終的に確認をする必要があります。内部監査部門において、財務報告に係る内部統制システムに開示すべき重要な不備はないものの全社レベルの内部統制システムでは改善すべき点は多いというような意味合いの記載がされていれば、監査役（会）監査報告に記載される内部統制システムの運用状況の相当性について、「特段に指摘すべき事項は認められない」と断言できない可能性もあります。

（4）会計監査人との連携

① 連携の意義

　会計監査人は、会社の計算書類およびその附属明細書、臨時計算書類ならびに連結計算書類を監査し（会396条1項前段）、会計監査報告を作成する義務があります（会396条1項後段）。会社によって開示される正確かつ適正な

計算書類等は、株主や債権者にとって、その地位の継続や債権を持ち続けることの可否を判断する上で重要な書類になります。

このために、会計の職業的専門家である会計監査人は、会社から独立した外部の立場より、会社の会計が一般に公正妥当と認められる企業会計の慣行に従っているか監査を行い、その結果は監査役および取締役を通じて株主に通知されます。

会計に関わる直接の不祥事に限らず、企業不祥事の多くは最終的に会計や税務にも関係することが多いことから、会計監査人が会計監査を通じて取締役の重大な不正行為等を発見したときには、監査役への報告義務があります（会397条1項）。また、2021年3月期から上場会社で全面適用となる「監査上の主要な検討事項」（KAM）において、（会計）監査人は、事業年度の財務諸表の監査の過程で監査役と協議をした上で、当該監査において特に重要であると判断した事項を監査報告に記載することになっていることから（企業会計審議会、改訂監査基準 第四報告基準二2 (2)）、協議を通じた相互の意見交換が必要となってきます。

これら以外でも、会計処理の方針等を巡って会計監査人と会社との間で意見の相違や対立もあり得ることから、執行部門から法的に独立した監査役が両者の意見や主張を聴取した上で、一定の判断をすることも考えられます。これらのためには、監査役としては日頃から意識的に会計監査人との連携を行うことが大切です。

② 連携のための具体的方策

会計監査人との連携の際に、監査役は会計監査人の監査の相当性の判断と報酬同意を行うという法的義務があることを意識する必要があります。その上で、期初段階における相互の監査計画の説明と意見交換、期中において会計監査人からの監査報告聴取、期末時期の事業年度における最終的な監査結果とその結果の根拠や今後の懸念事項等についての協議を行います。

会計監査人との連携の在り方と実務は、第Ⅲ編で解説いたしますので、そちらをご覧ください。

(5) 任意の委員会や第三者委員会との連携

① 連携の意義

　執行部門のニーズに応じて、会社として報酬諮問委員会、指名諮問委員会、環境諮問委員会、第三者委員会等を設置することがあります。これらの委員会の設置目的の多くは、適切なガバナンス体制の構築の視点からですので、監査役はこれら委員会の審議内容について把握しておくことが重要となります。

　特に、第三者委員会を設置する場合は、事件・事故の調査や緊急対応（敵対的買収への対応やM&Aの評価等）が必要であるときがほとんどであるため、取締役の善管注意義務違反の有無の判断に直結しますので、監査役として積極的な関わりを持つ必要があります。

② 連携のための具体的方策

　任意の委員会と関わる方策としては、①任意の委員会を重要会議と位置付けた上で出席する（場合によっては、オブザーバーでも可）、②任意の委員会の決定内容や議事の状況の報告を受ける、③任意の委員会の議事録を入手する、などがあります。

　第三者委員会の場合では、すべて外部委員とすべきと考える事案ではなく、社内メンバーと外部メンバーの合同チームとして構成されるならば、設置の目的によっては、監査役もメンバーの1人となるべきです。その上で、社外監査役も含めて、監査役間で情報を共有します。

　一方、純粋に外部の有識者から構成される独立第三者委員会であれば、その第三者委員会の設置の理由と目的、構成メンバーなどについて、取締役会の審議の過程で積極的に議論に加わるか、または執行部門から個別に説明を受けることが必要です。さらに、第三者委員会の途中経過報告が常に行われるように執行部門に申し入れること、および第三者委員会の最終報告内容と最終報告を受けた後の執行部門としての対応方法を確認します。

　その際、監査役としては、期末の監査役（会）報告の記載内容に関係する事

項、例えば取締役の重大な善管注意義務違反の有無等が含まれているか確認・検討することになります。

3／小括

　法令で、監査役の監査環境の整備の一環として意思疎通を図るべき者との規定は、努力義務ではあるものの法的に大きな意義があり、監査役監査の実効性確保の観点からの趣旨であると理解すべきです。そして、具体的にどの程度意思疎通を図ったらよいかについては、監査環境や実務実態を踏まえて検討し実施していくことになります。

　その際、少なくとも積極的に意思疎通を図る意識を持つことと、それを実践するための目的の明確化と年度を通じた会議をあらかじめ設定しておくことなど、具体的な手段を確保しておくことが大切です。

第5章

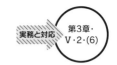

監査役の情報収集に関する法規定と実務

1 はじめに

　監査役は、株主総会で取締役とは別に選任され（会329条1項）、株主から負託を受けて、取締役の職務執行を監査します（会381条1項）。言い換えれば、監査役は、取締役・使用人（従業員）による執行部門から法的に独立した立場に立って、取締役が違法行為や不適切な行為をすることなく善管注意義務を果たしているか株主に代わって監視する役割を担っています。その上で、取締役以下の執行部門に対して、問題点を指摘したり、必要に応じて是正を求めたりします。

　この職務を全うするためには、監査役が社内の必要な情報を適時適切に把握できる仕組みが確保されていることが重要です。仮に不正の兆候があればその事実を早期に把握すること、不祥事が発生すればそれが大きな問題となる前に執行部門に善処を求めること、有事の際には経営執行部門から独立した立場で、社外取締役とも連携をとりつつ、会社としての最善の方策を考えることになります。このように、監査役が次なるアクションを起こすために、社内の実情や実態を明確にするための情報が必須です。

　そこで、本章では監査役にとっての情報収集の問題について、法規定と実務の観点から整理してみたいと思います。

2 / 監査役への報告

(1) 会社法・会社法施行規則の規定

① 取締役の義務

　会社法上、取締役は、会社に対して著しい損害を及ぼすおそれのある事実があることを発見したときには、直ちに当該事実を監査役(会)に報告しなければならないと規定されています（会357条1項・2項）。いわゆる取締役の監査役(会)に対する報告義務です[1]。報告を行う取締役は、会社に著しい損害をもたらした当事者である取締役に限らず、その事実を認知した別の取締役の場合もあります。上位役位の取締役やワンマン代表取締役の行為に対して、別の取締役が、直接意見等をいえない場合もあり得るからです。

　当事者である取締役の場合は、間違いを犯したものの結果的に監査役に報告することにより、監査役の力も借りながら、損害拡大防止に向けた協力を仰ぐ面と、自らの対応について迅速に報告することによって、自身の善管注意義務違反の程度を少しでも軽減する目的があります。他方、当事者ではない取締役による報告の場合は、監査役の法的権限の行使を期待したものとなります。すなわち、取締役からの報告を受けた監査役は、取締役会の招集請求権または自らの招集権（会383条2項・3項）を行使して、事実関係の確認や会社として適切な対応方針を出すべく、取締役会を通じて要請することができます。

　また、緊急を要するときには、監査役が取締役に対して、違法行為差止請求権（会385条1項）を行使することも可能です。違法行為差止請求権とは、取締役が法令・定款違反行為を行っているか、または行うおそれがあるときに、その行為が継続されると会社に著しい損害が発生するおそれが生じると想定される場合に、監査役が行使することができる強力な権限です[2]。

---

1)　監査等委員会設置会社は、監査等委員会に報告（会357条3項）。なお、指名委員会等設置会社の場合は、業務執行を担う執行役が監査委員に対する報告義務を負っている（会419条1項）。

43

　いずれにしても、会社に著しい損害が発生するおそれのある事実を把握した取締役が監査役への報告義務を怠り、そのことが結果として会社に多大な損害を及ぼすこととなれば、その取締役は善管注意義務違反となります。

　なお、この場合の報告とは、法定化された義務であるだけに、口頭による立ち話的なものではなく、正式な報告要件を充足する外観と実質（書面または監査役会での説明等）を備えている必要があります。

② 会計監査人の義務

　会社法では、会計監査人による監査役への報告義務も定められています。会計監査人は、その職務を行うに際して取締役の職務の執行に関し、不正の行為または法令・定款違反の重大な事実があることを発見したときには、遅滞なく監査役（会）に報告しなければなりません（会397条1項・3項）。取締役の場合は、会社への著しい損害のおそれが要件（法令違反行為に限定されていない）であるのに対して、会計監査人の場合は、取締役の不正行為等の事実が要件となっています。

　会社運営においては、会計処理を伴うことが基本ですので、職業的専門家である会計監査人が会計監査を実施していく中で、不正会計処理にとどまらず、広く不正行為が行われている事実を発見することもあり得ます。会計監査人の場合、会社の外部者として独立した立場から会計監査を行っているため、会計不正等を発見したとしても、そのことが取締役の職務執行によるものか直ちに判断することは容易ではありません。このために、会計監査人から監査役（会）への報告は、「遅滞なく」とされています。会計監査人による監査役への報告義務も、取締役の場合と同様に、報告を受けた監査役による是正権限に期待したものです。

---

2) 具体的な行使の方法は、取締役に対して直接書面等で請求したり、取締役会を通じて行う。さらには、裁判所に対して取締役を被告として行為差止めの訴えを提起し、その訴えに対する裁判所による仮処分をもって行うことも可能である。上柳克郎＝鴻常夫＝竹内昭夫編集代表『新版注釈会社法（6）株式会社の機関（2）』［鴻常夫］有斐閣（1987年）464頁。

③ 会社の義務

　他方、内部統制システムの観点から、会社は、取締役および使用人が監査役に報告するための体制を整備しなくてはならないとの規定が存在します（会施規100条3項4号イ）[3]。

　会社法上の取締役の報告義務規定では、「著しい損害を及ぼすおそれのある事実」とする有事であることが要件となっていますが、会社法施行規則では、平時の報告体制としている点が特徴です。加えて、報告を行う者を取締役に限定せずに、使用人からの報告も監査役への報告体制としていることから、監査役への情報伝達を行う対象としては広範囲に及んでいることになります。

　内部統制システムの整備では、内部統制システムの構築（基本方針）とその適切な運用が求められていますので、具体的な監査役への報告体制は、企業自治の観点から各社が自律的に整備することになります。

（2）監査役の能動的な情報収集

　会社法や会社法施行規則の規定は、監査役への情報伝達について法定化された内容です。したがって、監査役が取締役等から情報を受ける行為は、監査役にとって、受動的な情報収集となります。

　他方で、監査役が能動的に情報を収集することも可能です。監査役の中心的な活動としては、業務監査があります。

　業務監査は、法的には各執行部門に対する業務報告請求権を行使することであり（会381条2項）、各事業部門への定期的なヒアリングを通して、法定監査を実施することです。業務監査としてのヒアリングの場で、監査役は各事業部門ですでに顕在化した事件・事故から発生のおそれのある事象に至るまで、報告を受けたり、質疑を通じて明らかにしていきます。この責務を全うするために、監査役は、ヒアリングにとどまらず、取締役会を中心とした重要会議への出席や重要書類の閲覧、現場の実査等を行います。

3）グループガバナンスの観点から、子会社の役職員も親会社の監査役に報告する体制を整備しなくてはならない（会施規100条3項4号ロ）。

　これらの活動は、監査役の業務監査としての能動的な行為と位置付けられます。また、不正等の情報を入手したときには、監査役は、執行部門に対して調査権を発動することも可能です（会381条2項）。業務報告請求権・調査権ともに、取締役の職務執行を監査する監査役の職責として、情報を積極的に収集する重要な法的権限ということになります。

　また、監査役は、その職務を適切に遂行するために、取締役・使用人等と意思疎通を図ることを通じて、情報等の収集に努めなければならないとの規定もあります（会施規105条2項）。この規定は監査役の努力義務規定ですが、役職員と意思疎通を図ることを通じて、監査役が自ら積極的に情報収集を図ることの必要性を規定している点において、留意すべき規定です。

3 監査役の情報収集の現状と課題

(1) 実務実態

　監査役に対し十分な情報伝達がなされていないのではないかとの問題意識を1つの理由として、平成26（2014）年会社法改正のための法務省法制審議会会社法制部会において、労働組合の代表委員が監査役の一部を従業員代表から選任すべきとの提案を行い、検討の俎上に載りました[4]。当時と比較して、近時は、若干状況は改善されているものと思われますが、監査役からみて、監査役への報告体制の実態について興味深いデータがあります。

　日本監査役協会が2019年から2020年に実施したアンケートによりますと、監査役への報告体制について、体制の構築も運用も十分になされているとの会社数は、48.8％（会社数では1,543社）と5割に達していない結果となっています[5]。他方、上場会社において、監査役への報告体制の構築も運用も十分ではないとの回答が10.3％（会社数137社）もあります[6]。それで

4）　法制審議会会社法制部会「第2回会議議事録」（2010（平成22）年5月26日開催）［逢見直人委員発言］23頁。本提案は、部会の委員から、現実的な制度設計が困難であるなど多くの疑義が出されて採用されなかった。

は、何故にこのような状況となっているのでしょうか。

（2）監査役の情報収集の限界

　監査役が情報収集を行う手段としては、取締役等からの自主的な報告（監査役からみれば、受動的な情報入手）と業務監査の一環として実施する能動的なヒアリングなどがあります。

　しかし、前者は、取締役と監査役との間の、会社に及ぼす「著しい」損害への評価が異なることにより、監査役が期待する情報が報告されない可能性があります。また、一部の限られた取締役が不正等を認知したとしても、当該取締役が社内で明らかにしたくないとの事情から、監査役に報告しないこともあり得ます。結果として、監査役が報告を受けるときは、すでに社内で大きく認知された後となることを考えると、監査役にとってかなり限定的な情報収集手段となります。

　他方、監査役の業務監査の一環としての各事業部門へのヒアリング等では、会社に及ぼす著しい損害に限定されないことから、幅広く確認できるメリットがあります。もっとも、ヒアリング等で不正等の兆候を察知することは、監査業務にある程度通暁していないと容易なことではありません。そもそも、監査対象部門が監査役からの質問や資料提出要請に対して、前向きに対応し、意図的な隠蔽行為が行われていないことが前提となります。

　多くの意思決定を行う責任者である業務執行取締役に対しては、部下や周囲の関係者は、通常、自らの企画案を通すために積極的に情報を伝達し理解を得るように努めます。また、取締役は、社内における人事権や報酬決定権についても広範な権限を有していることから、自ら情報収集を行わなくても、おのずと情報が集まる傾向があります。

　しかし、非業務執行役員である監査役は、社内の執行部門の役職員に対し

5）　日本監査役協会「役員等の構成の変化などに関する第20回インターネット・アンケート集計結果」月刊
　　監査役710号別冊付録（2020年）80頁。
　　なお、第21回以降は、監査役への報告体制に関するアンケート項目を除外しているため、直近のデータは存在しないものの、激的な変化があるようには思われない。
6）　38.5％（会社数513社）の上場会社は、体制の構築は十分であるがその運用は十分ではないと回答している。前掲5）・80頁。

て人事権や報酬決定権を有しているわけではないことから、そもそも自然に情報が集まるわけではありません。加えて、監査役に就任している員数は、執行部門と比較して圧倒的に限られている上に、監査役をサポートするスタッフの専任も少ないか、そもそも配属されていない会社が多い実態があります。

さらに、監査役は役員であり、一般の使用人からみると職位が高く、また接する機会も日常的にはほとんどないのが現状です。管理職レベルでも、部長クラスが年に1回から2回の業務監査報告をする程度です。このような状況から、使用人から監査役に直接情報を伝達するには、物理的にも心理的にも、極めてハードルが高いことになります。すなわち、監査役自らが社内の不正や不適切な事象をすべて網羅的に把握することは現実的には容易なことではありません。

4 / 具体的な方法

(1) 内部通報制度の活用

監査役がコーポレートガバナンスの一翼を担うとされる職責を果たす上で重要な情報収集力は、会社の仕組みとして確保されている必要があります。このための有力なツールとして、内部通報制度の活用があります。

内部通報制度は、コーポレートガバナンスの観点から、従業員からコーポレート部門や経営陣に対して不正等の情報が遅滞なく情報伝達される仕組みです。本来は、部下から上司等各職場単位で情報が伝えられるべきところ、不正等の問題に対しては、例えば上司自身が不正に関与している場合や、上司が不正問題について真剣に受け止めないタイプであるとすると、上司に報告しても情報が会社上層部に有効に伝わらずに活かされないことになります。そこで、内部通報制度には、法務や内部統制管轄部門の窓口に対して、匿名または記名で通報する仕組みにより、正規ルートが機能しない場合における代替機能の意義があります。

監査役にとっては、内部通報制度で寄せられた通報件数や内容について、内部通報制度を管掌している部門から定期的に（原則的には毎月）報告を受ける運用体制となっていることが出発点となります。また、内部通報の中において会社に重大な影響を及ぼす緊急事象については、都度、報告がなされる必要があります。監査役は報告を受けた内容の中で、緊急性を要する事象、緊急性はないものの、会社に対して将来重大な影響が想定される事象については、執行部門に対して前述した監査役の法的権限を活用して、事実確認を含めた善処を求めることになります。

また、自社の内部通報制度が適切に機能しているか否かを判断するために、通報件数とその内容について、業務監査の一環として留意すべきです。通報件数が毎年一桁にとどまっているとか、件数は多くても、その内容が個人への誹謗中傷的な内容が多い場合には、内部通報制度が本来の目的を果たしているとは言い難いと考えられます。使用人をはじめとした通報者[7]に対して制度の趣旨とともに、通報者が人事上の不利益な扱いを一切受けないことについて、周知徹底が行われているか改めて確認すべきです[8]。

なお、内部通報制度の直接の通報窓口に監査役を追加すること、および独自に監査役ルートを設けることも一考に値します[9]。

(2) 監査(等)委員の場合

監査(等)委員は、法的には非業務執行取締役との位置付けとなりますが、直接、執行部門に対して指揮・命令をすることが可能です。なぜならば、監査(等)委員は、常勤者の就任が法定化されていないことにみられるように、自ら監査活動をするというよりは、必要に応じて内部監査部門等に対して直

---

7) 利用件数が少ない場合には、正社員に限定せず、派遣社員・パート従業員・家族等、通報利用者を拡大することも検討の余地がある。例えば、過大な残業時間による過労死のリスクに対しては、家族による通報で未然に防止できる可能性がある。
8) 監査役の立場から、自社の内部通報制度が適切に構築・運用されているか第三者が評価する内部通報制度認証（Whistleblowing Compliance Management System 認証）を取得するように、執行部門に働きかけることも考えられる。
9) コーポレートガバナンス・コードでも、「上場会社は、内部通報に係る体制整備の一環として、経営陣から独立した窓口の設置（例えば、社外取締役と監査役による合議体を窓口とする等）を行うべき」（CGコード補充原則2-5①）としている。

接的に指揮・命令することにより、内部統制システムの構築・運用状況を確認することが期待されているからです[10]。

したがって、監査（等）委員は、内部監査部門等の執行部門に直接指示することにより、情報収集を図ることが可能です。

5／小括

監査役が取締役の職務執行を監査することは、監査活動を行いその結果を期末の監査役監査報告にまとめて、株主に通知することだけが目的ではなく、監査活動を通じて、問題や課題があれば執行部門に改善要請をしたり善処を求めたりすることも重要な責務です。監査役からの指摘を受けて、執行部門が適時適切に対応することによって、結果として、取締役が善管注意義務を果たし、内部統制システムの整備も相当であるとの期末監査結果であれば、それに越したことはありません。

監査役がその職責を果たすためには、監査役に対して適切に情報伝達が行われること、および自ら情報収集ができることが必要です。そして、そのことが体制として整備されていることが重要です。

監査役としては、情報収集に関して、法定の情報伝達が監査役に対して適切に行われているか、他方、監査役自身として法的権限を活用して能動的な情報収集を行っているかどうかについて、期末時期に確認することが大切です。その上で、必要に応じて、監査役の情報収集機能が十分に発揮されるように執行部門に対して改善要請を行うことも監査役監査の環境整備の観点からは大事な点であると思われます。

---

10) 解釈論として、監査役が内部監査部門を指揮してもよいとする意見もある。森本滋ほか「〈シンポジウム〉検証・会社法改正」[前田雅弘発言] 私法 66 号（2004 年）78 頁。
監査役が内部監査部門を指揮してよいと解すれば、監査役と監査（等）委員との地位の違いのために、情報収集に係る権限は異ならないとの評価（松井智予「Ⅳ. 内部統制の高度化と機関設計」旬刊商事法務 2271 号（2021 年）38 頁）となろう。

第**6**章

監査役制度における
監査役スタッフの役割と活用

1／はじめに

　監査役は、取締役の職務執行を監査する会社機関です（会381条1項）。したがって、監査役の職責として、取締役の職務執行に関し、不正の行為または法令もしくは定款に違反する重大な事実があったときは、各事業年度の監査報告においてその事実を記載する必要があります（会施規129条1項3号）。

　もっとも、監査役監査の対象が取締役であると法定化されていても、取締役自らの不正行為等にとどまらず、部下に不正行為等を指揮・命令したり、部下たちが同様の行為をしている認識があるにもかかわらず当該行為を放置している場合に取締役は法的責任を問われます。このために、監査役の業務監査では、執行役員以下の使用人からヒアリングを行ったり、現場往査をする実務が定着しています。監査役は、すべての事業部門を一通り監査することになりますから、一定規模以上の会社において、監査役がその職責を十分に果たすためには、それ相当の人的手当てが必要となります。

　しかし、現実的には、監査役の員数も多くなく、監査役をサポートする補助使用人（以下「監査役スタッフ」という）を配属していないか[1]、仮に配属していたとしても兼務であり[2]、内部監査スタッフと比較して少ない人員という現実があります[3]。

---

1) 日本監査役協会が2021～22年に実施したアンケートによると、監査役スタッフを配属していない会社の割合は60.2％（母数2,021社）と過半数を超え、上場会社に限っても51.8％（母数704社）と過半数近くである。日本監査役協会「役員等の構成の変化などに関する第21回インターネット・アンケート集計結果（監査役（会）設置会社版）」月刊監査役736号別冊付録（2022年）30頁。
2) 監査役スタッフを配属している会社でも、兼務スタッフのみの会社の割合は70.6％（母数1,338社）であり、上場会社でも61.7％（母数655社）である。前掲1)・31頁。

　監査役は、法的に執行部門から独立しているとはいえ、監査の実効性を確保するために内部監査部門と連携をすることも可能ですので、監査役スタッフが配属されていなかったり、少ない人員構成でも業務監査において十分対応可能との意見もあります。しかし、監査役は法的には執行部門から独立した立場であることに加え、業務執行権があるわけではないことから、内部監査部門のスタッフを直接、指揮・命令することは予定されていません[4]。

　そこで、本章では、監査役監査の実効性確保の視点から、監査役スタッフの役割や活用について解説します。

2／監査役監査を支える体制（平成27年会社法施行規則）

　平成 27（2015）年会社法施行規則では、内部統制システムの整備に関する規定に関して、一連の改正がありました。その一環として、監査役設置会社である取締役会設置会社について、監査を支える体制や監査役による使用人からの情報収集に関する体制に係る規定の充実・具体化等を図るための改正が行われました。内部統制システムが構築され、かつ適切に運用されるためには、コーポレート・ガバナンスの一翼を担う監査役監査の実効性確保も重要であるからです。

　この改正の中で、監査役スタッフに関しては、監査役から監査役スタッフに対する指示の実効性確保に関する規定が追加されました（会施規 100 条 3 項 3 号）。立案担当者は、この追加規定に関連する検討事項例として、①監査役スタッフを専任とするか他部署との兼務とするか、②監査役スタッフの異動についての監査役の同意の要否、③取締役の監査役スタッフに対する指揮命令権の有無、④監査役スタッフの懲戒についての監査役の関与の決定等を列挙しています[5]。

3）　内部監査部門の専任スタッフのみの平均員数は 5.48 人（上場会社に限れば 6.28 人）に対して、専任のみの監査役スタッフは 2.15 人（上場会社に限れば 2.23 人）と内部監査部門の専任スタッフの半数にも満たない結果となっている。前掲 1）・31 頁・35 頁。
4）　委員会型の会社形態における監査委員や監査等委員は法的には取締役であることから、内部監査部門を直接、指揮・命令することが可能である。

図表6-1　監査役スタッフの配属のパターン

[パターン1：監査役直下組織＋専任]

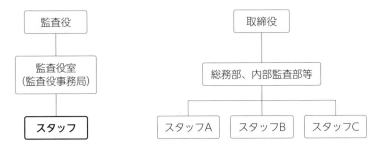

[パターン2：執行部組織＋専任]

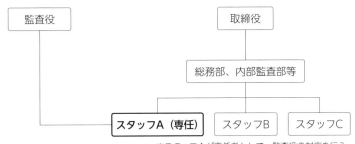

※スタッフAが専任者として、監査役の対応を行う。

[パターン3：執行部組織＋兼任]

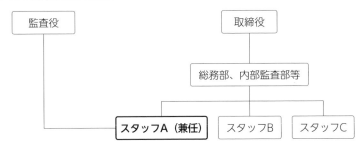

※スタッフAは総務部等の執行部門との兼任者として、監査役の対応を行う。

出所：著者作成。※『実践と対応』第4章・Ⅴ・3・(2)・図表4-H

　監査役スタッフは、会社と雇用関係にある従業員ですので、会社組織上は執行部門に属することになります。このため、仮に監査役スタッフが内部監査部門と兼務発令となったとしますと、監査役スタッフの評価や人事異動等について、内部監査部門長の意向が強く働くことになります。また、監査役スタッフが執行部門と兼務ですと、監査役の業務監査に係るヒアリングや往査等に際して監査役をサポートするための業務時間が制限されることとなります。このような点を考慮しますと、理想としては監査役スタッフの専任が望ましいことになります（監査役スタッフの配属のパターンとして**図表6-1**参照）。

　また、監査役スタッフが専任であったとしても、法的に執行部門から独立している立場から監査を実施する監査役にとって、執行部門の意向を強く受ける監査役スタッフですと、監査役としての職務を遂行する上で支障となります。例えば、監査役スタッフの人事権や昇給・昇格の決定権を内部監査部門や人事部等の執行部門が掌握していれば、監査役スタッフが、執行部門の意向に沿う形で監査役をサポートすることにもつながりかねません。

3 監査役スタッフの役割と留意点

（1）監査役スタッフの役割

　それでは、監査役スタッフとして期待される役割は、何が考えられるでしょうか。

　第一の役割は、監査役をサポートする専門的知見です。取締役以下、執行部門に携わる役職員と比較して、監査役の員数は圧倒的に少ないのが実態です。このため、監査役が財務・法務等のコーポレート部門から営業・購買・技術等の原局部門に至るまで、その分野のスペシャリストとしてすべてをカバーしているとは限りません。例えば、監査役は、経理・財務部門の監査に

---

5)　坂本三郎＝辰巳郁＝渡辺邦広編著「立案担当者による平成26年改正会社法関係法務省令の解説」別冊商事法務397号（2015年）4頁。

限らず、会計監査人の監査の相当性を判断する必要がある（会算規127条1項2号）など、監査役監査業務において、一定の会計の知見が必要とされる場面が少なくありません[6]。

　そこで、経理・財務出身の監査役が就任していない場合は、監査役スタッフが経理・財務部門の出身者であれば監査役を十分にサポートすることが可能です。このように、監査役とは異なる職歴の監査役スタッフを配属することにより、監査役スタッフの知見を十分に生かすことができます。

　第二の役割は、情報収集力です。企業不祥事を未然に防止するためには、社内の事件・事故から消費者をはじめとした第三者からのクレームに至るまで、適時適切に監査役に情報が入ることが必要です。会社法上は、取締役は、会社に著しい損害を及ぼすおそれのある事実があることを発見したときは、直ちに、当該事実を監査役に報告しなければならないこととなっています（会357条1項）。

　また、会計監査人も、その職務を行うに際して取締役の職務の執行に関し不正の行為または法令もしくは定款に違反する重大な事実があることを発見したときは、遅滞なく、監査役に報告しなければなりません（会397条1項）。もっとも、取締役や会計監査人が監査役に対して報告義務があるのは、「著しい損害」や「重大な事実」の文言に示されているように、かなり大きな問題となってからとなります。重大な不祥事や事件・事故が表面化する前には、その兆候があるのが通例であり[7]、その兆候を見逃さないためには、監査役に社内の情報がタイムリーに入ることが必要です。

　しかし、監査役には業務執行権限がなく、情報収集する上で大きな力の源となる監査対象部門に対する人事権や報酬決定権もありません。しかも、監査役は会社法上の役員であり、若手中間管理職や担当者クラスにとってみると、気軽に監査役に面談を求め、情報提供を行うということは心理的にも

---

6)　日本公認会計士協会の調査では、監査役に求められる資質としては、財務・会計に関する知見を有する者が選出されるべきとの会計監査人の意見が圧倒的に多数とのことである。法制審議会会社法制部会「第2回会議事録」（2010（平成22）年5月26日開催）［友永道子参考人発言］35頁。

7)　1件の重大な事故の背後には、29件の軽微な事故が存在し、その背景には300件のヒヤリ・ハットの事象があるとされるハインリッヒの法則が提唱されている。

ハードルが高いことになります[8]。取締役は自ら情報の収集に動かなくて
も、部下や他部署から情報が集まりやすい状況にあるのと比較して、監査役
は、能動的に情報収集を行わなければ、必要な情報を得にくいという現実が
あります。この点をカバーするのが監査役スタッフです。

　監査役スタッフは、同じ従業員として執行部門の従業員と気軽に意見交換
を行ったり、情報提供を受けることができる立場にあります。監査役は、こ
のような監査役スタッフの情報収集力を基にして、不正等のおそれのある部
門を調査・ヒアリングしたり、執行部門に対して事実関係の確認を要請した
りすることにつなげることが可能です。

　第三の役割は、実務のエキスパートとしての役割です。業務監査の実務と
しては、監査計画の策定から監査役会議事録や監査報告の作成に至るまで、
事業年度内で行わなければならない法定事項があります。

　さらに、会計監査人の報酬同意実務、監査役の選任同意実務等の個別法定
事項に限らず、業務監査スケジュールを含めた年間スケジュールの作成、内
部監査部門や会計監査人との連携実務等数多くあります。

　監査役が本来の職責である取締役の職務執行を監査する役割に注力できる
ようにするためには、監査役スタッフには実務のエキスパートとしての役割
が期待されます。次年度の監査計画を策定するにあたって、過年度の監査実
績から留意すべき事項を整理して監査計画の原案を作成すること、各執行部
門への適切な重点監査ポイント案を考えて監査役と意見交換すること、監査
役が業務監査で指摘した事項を被監査部門にフィードバックすることなど、
監査役スタッフには重要な実務があります。これら実務を迅速かつ適切に処
理することによって、監査役は取締役・グループ監査役・会計監査人との意
見交換や問題点の指摘等に注力することができるようになります。

---

8) 平成26（2014）年改正会社法の審議にあたって、日本労働組合総連合会（連合）の委員から、従業員
選任の監査役を設置すべきとの提案がなされたことも、監査役への情報伝達の必要性からと思われる。
法制審議会会社法制部会「第1回会議議事録」（2010（平成22）年4月28日開催）［逢見直人委員発
言］40頁。

（2）監査役スタッフとしての留意点

　監査役スタッフが専任の場合は、監査役室や監査役事務局等の名称の組織に属することになります。専任の監査役スタッフは監査役と表裏一体となって活動することになりますし、日常的に監査役と接しているわけですから、組織上の所属が執行部門であると意識することは少ないと思います。監査役スタッフを厳密に執行部門から独立させる場合、監査役スタッフに出向発令を行えば、名実ともに監査役の指揮・命令下に属することになりますが、そこまで厳密に行っている会社はほとんど聞いたことがありません。

　もっとも、監査役室等の組織は一義的には執行部門の組織ですので、専任の監査役スタッフが配属されている場合は、スタッフの人事は監査役も直接関わるべきですし、スタッフの評価も普段接している監査役が行うことが原則と考えられます。また、専任の監査役スタッフとしても、執行部門と協力関係を保ちつつ、監査役は法的に執行部門から独立している点を意識した行動が求められます。

　他方、監査役スタッフの専任が理想であると考えたとしても、企業規模や業種・業態によっては、兼任配属とせざるを得ない会社もあると思われます。兼任の監査役スタッフの場合は、監査役室や監査役事務局等の独立した組織をおかずに、内部監査部や検査部等の組織に属した上で、必要に応じて監査役をサポートすることになります。スタッフの執務場所は監査役のサポートと内部監査部等の執行部門としての業務の割合によって決まることになりますが、内部監査部等の執行部門で執務している場合が多いようです。

　したがって、兼任スタッフで監査役の執務室と離れている場合には、監査役と定期的な連絡会を行うなど、両者の間で日常的なコミュニケーションを意識的に高めることが必要であり、とりわけ、監査役としての特有実務が集中する期初・期末時期には、監査役スタッフは監査役のサポートのために一定の業務時間の確保を予定しておくことが大切です。また、執行部門としての業務と監査役スタッフとしての業務を分離しておくために、監査役スタッフのための職務規程を策定しておくとよいと考えます。

4 監査委員・監査等委員とスタッフの関係

　指名委員会等設置会社の監査委員、監査等委員会設置会社の監査等委員に
対する監査(等)委員スタッフの役割は監査役スタッフと同様ですが、会社法
上はその配属について監査役の場合と微妙に異なる規定となっています。

　監査役設置会社においては「監査役がその職務を補助すべき使用人を置く
ことを求めた場合における当該使用人に関する事項（傍点筆者）」（会施規100
条3項1号）として、監査役スタッフの必要性の有無を監査役に求めているの
に対し、監査(等)委員の場合は「監査(等)委員会の職務を補助すべき取締役
及び使用人に関する事項（傍点筆者）」（会施規110条の4第1項1号・112条1項
1号）と規定して、監査(等)委員スタッフの配属を前提としているように読
める規定となっています。

　監査役スタッフは、監査役と異なり、法的には執行部門から独立した身分
ではないため、監査役が求めていないにもかかわらずスタッフをおくこと
は、監査役の独立性を確保する観点からは妥当ではないと立案担当者は考え
ています[9]。

　指名委員会等設置会社や監査等委員会設置会社においても、監査(等)委員
をサポートするスタッフの配属が法定されているわけではありませんが、監
査(等)委員は少なくともその過半数が社外役員である必要があり、かつその
多くは非常勤であることを考えると、監査(等)委員スタッフの配属により監
査(等)委員をサポートすることを前提としているとも解せられます[10]。

　特に、監査(等)委員全員が非常勤の場合は、監査(等)委員スタッフの配属
は必須と考えられます。

9）相澤哲＝葉玉匡美＝郡谷大輔編著『論点解説　新・会社法─千問の道標─』商事法務（2006年）339
頁。
10）監査委員スタッフを配属している指名委員会等設置会社の割合は97.4％（母数39社）、監査等委員ス
タッフを配属している監査等委員会設置会社の割合は57.2％（母数699社）であり、監査役設置会社と
比較して高い割合となっている。前掲1）指名委員会等設置会社版22頁、監査等委員会設置会社版28
頁。

第**6**章
監査役制度における監査役スタッフの役割と活用

5 小括

　内部統制システムの一環として、監査役スタッフについての規定があることは、企業不祥事防止に向けた監査役監査の実効性確保のために、監査役スタッフも重要な役割を担っていることの表れであると解せられます。したがって、監査役がその職務を遂行するために監査役スタッフの配属を必要とするならば、人事部門等の執行部門に対して、その意義を十分に説明して積極的に配属を要請すべきものと思われます。

　また、すでに監査役スタッフが配属されていても、専任スタッフの要望や監査役を補完する職歴を持つ複数名のスタッフの配属要請も考えられます。

　社内において、監査役スタッフの業務がキャリアパスの一環として位置付けられ、かつ監査役監査に必要とされる人員が確保されることは、監査の実効性の向上にもつながることになります。高い能力と意欲を持つ監査役スタッフが監査役の要請によって適切に配属されている会社は、コーポレート・ガバナンス上もリーディング的な会社が多いように見受けられます。

第Ⅱ編　監査役監査の環境整備
ま と め

　監査役がその職務を実効性あるものにするためには、監査実務を行う上での環境整備が大切になります。監査役は就任している員数そのものが相対的に極めて少ない中で、会社の全部門の監査を事業年度内で一通り行わなければなりません。しかも、監査を通じて取締役の職務執行を監査する（会381条1項）職責があります。

　取締役の職務執行を監査するとは、取締役の違法行為そのものの有無に限らず、取締役が部下等に違法行為を指示したり、部下等の違法行為を放置するという不作為の行為の有無の判断にまで及びます。取締役や使用人が違法行為を堂々と行うことは、通常では考えにくいことから、監査役が違法行為のおそれや事実を把握することは、実務上容易なことではありません。しかも、違法行為についても、独禁法違反等の個別の法令・定款違反にとどまらず、包括的な善管注意義務違反が含まれます。

　また、違反の程度についても、軽微なものから会社の社会的信頼を大きく失墜させる重大な違反まで存在します。1人から数人の監査役で、しかも非常勤の監査役が就任している会社もある中で、監査役は、法が要請している監査の職務を遂行しなければなりません。監査役がその職務に関して任務懈怠が認められれば、取締役と同様に会社や第三者に対して損害賠償の支払の責任を負うことになります（会423条1項・429条1項）。

　一昔前までは、執行部門、とりわけ経理や法務からコンプライアンスを担当する部門に至るコーポレート部門が中心となって、不正行為や事件・事故の有無の確認や発生した後の対応を行っていました。しかし、不正行為等を把握しても、上司や会社全体への忖度から適時・適切に報告が行われずに、遅滞・隠蔽が長年にわたって行われ、結果としてマスメディアに報道されて慌てて代表取締役等が記者会見をするという事件が散見されました。そこ

で、近時では、執行部門から法的に独立している監査役の存在が改めて見直されて、コーポレート・ガバナンスの一翼を担う存在となってきています。

　監査役にとっての環境整備とは、監査役が職務を円滑に遂行することができるような体制を構築することです。具体的には、（代表）取締役・内部監査部門・会計監査人と積極的に意思疎通を図ることがあります。取締役の中には、社外取締役も含みます。相互に意思疎通を図るということは、情報交換や率直な意見交換を通じて、会社運営や職務を遂行するために有益な方法となることを意味します。監査役から取締役等に対して一方的に監査結果の説明を行ったり、情報を求めるという姿勢ではなく、相互の率直な意見交換が大切です。

　このためにも、監査役は、意思疎通を通じた具体的な連携の目的を明確にするとともに、その旨を取締役等にも伝えていくことが大事です。例えば、監査役は、コンプライアンス事項を中心に監査を通じて得た様々な印象や所感を率直に伝えることになり、取締役等からは、コンプライアンス上の懸念事項等を伝えてもらうことになります。

　意思疎通を図るとは、相互の信頼関係を醸成することにもつながることから、結果的に監査役が職務を円滑に遂行できることになります。また、監査役にとって、取締役会や経営会議等の会議体への出席や重要な書類の閲覧等によるいわばオフィシャルな情報収集手段に限定することなく、情報収集の多様化を意識的に図り、それを実践していくことが重要となってきます。今日、内部通報制度の整備は各社の基本インフラとなっていますが、内部通報制度を通じて寄せられた通報内容が適時・適切に監査役に伝えられていないようであれば、監査環境としては改善の余地があります。監査役への直接の報告ルートを含め、自社の状況を検証し、必要に応じて改善に向けて関係部門と協議すべきです。

　また、監査役スタッフについても、監査役の環境整備に大いに関わりがあります。監査役スタッフは、監査役をサポートする点から、法務省令では、「監査役を補助すべき使用人」と表記されています（会施規100条3項1号）。具体的には、監査計画の原案作成や議事録の作成等の実務以外にも、財務・

会計・法務等の職歴を活かした監査役を補佐する役割、さらには情報収集という点もあります。しかし、上場会社クラスでもスタッフの配属がない会社が約半数という実態があります。監査役スタッフが不在の理由として、会社全体として監査役スタッフを配属する余裕がないとか、監査役自身が監査の職務を遂行する上で特段支障がないと考えているなど様々な理由が考えられます。しかし、監査役として、スタッフが配置されていれば実効性のある監査が一層期待できるということであれば、人事部門等に積極的に配属を働きかけるべきです。そもそも、内部統制システムの整備の一環として、監査役監査体制の実効性確保が規定されている（会施規 100 条 3 項）趣旨を考えれば、監査役スタッフの配属も監査環境の整備の一環として捉えられていることになります。

　リスク管理の観点を中心に、全社を横断的にみることができる貴重な職務経験は、監査役スタッフ自身にとっても有益です。能力があり、かつ意欲のある監査役スタッフを人事ローテーションの一環のキャリアパスと位置付けることは、監査役自身の職務遂行のためのみならず、会社全体にとっても有用であるということを経営陣や人事部門に積極的に働きかけることも監査役の役割の 1 つです。

第**III**編

監査役と他の会社機関との連携

第**7**章

取締役会運営と監査役

1 はじめに

取締役会は、業務執行の意思決定機関にとどまらず、取締役の職務執行を監督するガバナンスの機関としての役割もあります（会362条2項2号）。一方で、近時は取締役会改革が重要な論点となっています[1]。海外の機関投資家等は、わが国の取締役会の監督機関としての機能が十分に働いていないことについて、その強化の一環として、社外取締役の選任義務化を主張していました[2]。

監査役の権限かつ責務は、取締役の職務執行を監査することです（会381条1項）。したがって、監査役としては、個別に事業部門の業務監査を行うことにとどまらず、取締役会における業務執行の意思決定の適正性や取締役が他の取締役の職務執行を監督する善管注意義務を果たしているかについても、業務監査の一環として監視・確認する必要があります。

このために、監査役には取締役会に出席し意見陳述する義務が規定されています（会383条1項）。また、取締役の不正の行為や法令・定款違反等の事実を認めるときには、取締役に対して、取締役会の招集請求や自ら取締役会を招集する権利も付与されています（会383条2項・3項）。

このように、監査役は取締役会とは深い関わりがあることから、自社の取

---

1) 取締役会改革の論点の整理に基づき、現行会社法の改正（会362条4項の見直し、執行役員の法的位置付けの明確化等）も含めて具体的に検討・提言している論稿として、高橋均「取締役会改革と展望」旬刊商事法務2023号（2014年）4～16頁参照。
2) 令和元年改正会社法では、公開会社かつ大会社の監査役会設置会社で有価証券報告書提出会社は、社外取締役の選任義務化が法定化された（会327条の2）。

締役会がガバナンスの視点から有効に機能しているか否か、その評価の観点からも関わりを持つことが大切です。そこで本章では、取締役会に係る重要な法令や法令に則った取締役会の運営実務について再確認するとともに、監査役として取締役会を評価する上での留意点について解説します。

2／取締役会の運営に関わる重要規定と監査役実務

(1) 取締役会の招集

　取締役会の招集権者は各取締役ですが、あらかじめ定款や取締役会で定めることも可能です（会366条1項）。実務的には、定款で代表取締役社長や取締役会議長を招集権者としていることが通例です。

　招集通知は、取締役会の日の一週間前までに発する必要があります（会368条1項）。もっとも、一週間を下回る期間を定款で定めれば、招集期間の短縮も可能です。実務的には、3日前としているケースが多いようです。株主総会前の事業年度の決算取締役会等定例化している議題以外では、会社運営上、様々な意思決定を行う必要があります。したがって、一週間前までにすべての議題を決定することは現実的ではないことから、定款による規定が実務上は定着しています。

　なお、例外措置として、取締役と監査役の全員が同意すれば、招集手続を経なくても、取締役会の開催は可能です（会368条2項）。極めて緊急性を要する案件を審議する必要が生じたときには、招集手続を省略することによって、機動的に取締役会を開催することができます。ただし、招集手続を省略した取締役会を開催するときには、取締役・監査役全員の同意要件が法定化されていることから、監査役は取締役会事務局が同意手続を適正に実施しているか注意を払うことになります。

　少なくとも、取締役会事務局から、監査役全員への、同意依頼が行われていない状態の中で、招集通知無き取締役会が開催されようとしている場合、監査役は取締役会事務局に法令違反となる旨を連絡する必要があります。

（2）取締役会の定足数

　取締役会の開催にあたっては、定足数を満たすことが要件となります。すなわち、議決に加わることができる取締役の過半数が出席し、その出席取締役の過半数の多数決によって、業務執行の決定が行われます（会369条1項）。議決権を行使することができる株主の議決権の過半数を有する株主が出席することを要件としている株主総会における定足数と比較して、取締役会では、取締役1人が1議決権を有する頭数多数決です。

　ちなみに、監査役会は、定足数そのものの要件がありません。

（3）書面決議と監査役の実務

　機動的な意思決定を行うために、取締役会を開催せずに書面決議を行うことが認められています。

　書面決議では取締役会の開催を行わないで決議を行うことができるため、緊急突発的な事案であったり、決議事項でありながら、取締役会において審議するほどの重要性が乏しいと考えれば、取締役は書面決議を選択することが可能です。

　もっとも、書面決議の要件としては、①定款に定めていること、②取締役全員が書面により議案に同意する意思表示をしていること、③監査役が異議を述べないこと、の3つの要件を満たしていることが必要となります（会370条）。書面決議は会社にとって利便性が高い手法ですが、本来、取締役会で十分に審議した上で会社としての意思決定を行うことを原則としていることから、その例外的措置という意味で定款での定めが必要となります。定款で新たに定めるためには定款変更を伴いますので、あらかじめ株主総会において特別決議を要することとなります（会309条2項11号）。

　監査役の視点から実務的に注意すべき点は、書面決議に先立ち、取締役全員から書面の同意を得ている証拠となるもの（書類やメールでの返信）が存在すること、および監査役が書面開催に異議があるか否かを確認する手続を行っていることです。監査役が異議を述べない要件が課せられているのは、

取締役会で書面決議が行われると、監査役として取締役会に出席し意見陳述を行う機会を喪失することとなり、取締役の職務執行を監査する責務を十分に果たせない懸念があるからです。

　したがって、監査役としては、取締役会事務局を通じて取締役が書面決議を要請してきた場合には、書面決議を行う対象の議題・議案を精査して、取締役会を開催する必要性の有無を慎重に検討した後に、取締役会事務局経由で取締役に回答することが重要です。

　実務上、取締役会に上程される案件は、すでに経営会議や常務会等の重要会議の場で実質的な意見交換や審議が行われていることが通例です。このために、社内での議論を尽くしたとして取締役会を書面決議で済まそうと取締役が考えているとしたら、監査役としては、その理由に合理性がないとして書面決議で行うことに異議が無いとはいえないとの判断を行うことになります。

　異議が無いとはいえないとは、要するに、取締役会を書面決議ではなく、実際に開催してもらいたいとの意思表示になります。この時点では、取締役会の書面決議事項の内容である議案に対する賛否を意味することではなく、あくまで取締役会で審議を尽くして最終的に賛否を決議したり、監査役として意見を陳述する機会を確保してもらいたいとの趣旨となります。

　経営会議や常務会は、社内会議であり、株主総会・取締役会・監査役会と異なり正式な会社機関ではありません。取締役会は、本来株主総会で意思決定を行う原則を授権されているわけですから、取締役会での意思決定は重要な意味があります。書面決議はあくまで例外的な措置と考えるべきです。しかも、取締役会には、社外取締役や社外監査役の社外役員が出席しますので、経営会議等のように内輪の会議とは異なる意義があります。社外役員からの発言も踏まえて、取締役会で活発な議論や意見交換が行われることが取締役会として望ましい姿です。このような趣旨を勘案しながら、監査役は書面決議の是非を判断することになります。

　なお、監査役会においては、書面決議は認められていません（**図表7-1**参照）。

図表7-1　会社機関と書面開催の相関表

	取締役会	監査役会	株主総会
決議の省略	**可（会370条）** 取締役全員の同意、監査役が異議を述べないこと、定款の定め	**不可**	**可（会319条）** 株主全員が、書面で同意の意思表示
報告の省略	**可（会372条）** 取締役・監査役全員に対して、報告すべき事項を通知した場合。ただし、3ヶ月に1回の業務報告は必要	**可（会395条）** 監査役全員に報告すべき事項を通知した場合	**可（会320条）** 株主全員が書面で同意の意思表示

出所：著者作成。※『実務と対応』第2章・Ⅴ・4・図表2-C

（4）書面報告

　報告事項について、取締役会を開催しないで書面報告を行うことも可能です。限られた時間の中で、取締役会での決議事項が多い場合、決議事項に重点的に時間配分を行いたいと考えるときに、実務的に書面報告という手段を採用します。取締役会で具体的に行わなければならない法定報告事項は、競業取引および利益相反取引（会356条）における事後報告です（会365条2項）。法定報告事項とは別に、各社の取締役会規程で定める報告事項があれば、その該当案件も取締役会報告事項となります。

　もっとも、書面決議が認められているといっても、3ヶ月に1回以上は取締役会を開催し、業務執行権限を有する取締役は取締役会の場で自己の業務執行状況を報告しなければなりません（会372条2項・363条2項）。取締役会には会社役員の間での重要情報の共有という側面もあるからです。

　書面報告を行う場合には、取締役と監査役の全員に対しての通知が要件となります（会372条1項）。書面決議の場合と同様に、監査役としては、取締役が書面報告を意図している場合に、あらかじめ監査役全員に通知を行っているか確認する必要があります。

　実務的には、書類またはメールベースで、書面報告の対象事項と関連書類

を添付した上で、取締役と監査役の全員に通知していることが必要となります。書面決議の場合と異なり、書面報告の場合、取締役全員の同意や監査役が異議を述べないとの要件は課せられていません。すなわち、取締役が一方的に書面報告を通知することに対して、監査役には法的に異議を申し立てる権限が付与されているわけではありません。

　書面報告を予定している内容の情報をさらに詳しく知りたいときには、監査役の法的権限である業務報告請求権（会381条2項）を利用して、報告事項を主管している業務執行部門から個別に報告聴取をすることになります。

　なお、監査役会も書面報告は可能です（**図表7-1** 参照）。

(5) 代理行使・特別利害関係取締役

　取締役会では、個々の取締役に議決権があることから、出張等による欠席を理由として、他の取締役や執行役員等に議決の賛否の代理行使を依頼したり、取締役会の決定に対し一任することは予定されていません。あらかじめ議題・議案について、欠席予定の取締役が書面で意見を述べることは可能ですが、欠席取締役に代わって他の取締役が議決権を行使することはできません。

　議題・議案によっては、管掌取締役以外に執行役員や部長クラスが取締役会で説明することは可能です。その際も、実務上は、取締役会議長から取締役会の開催にあたって、代理者による説明をする旨を宣言し、取締役会の構成メンバーの同意の確認をとってから、審議に入ることが丁寧な取締役会運営となります。

　また、取締役会において特別利害関係取締役が議決に加わることはできません（会369条2項）。特別利害関係取締役は当該議案に対して、自己に有利な議決権を行使することが明確ですので、当該事項を議決する際には、特別利害関係取締役を定足数から外して多数決で決めることになります。

　法定上は、議決に加わることができないとの定めであり、取締役会の場に着席したままであったとしても法令違反ではありませんが、実務上は、取締役会の審議の場から席を外すことが通例です。影響力のある特別利害関係取

締役がいると、公正・公平な審議が阻害されるおそれがあるためです。

　なお、特別利害関係取締役とは具体的に誰を指すか法定化されていませんが、①解職する場合の代表取締役（会362条2項3号）[3]、②競業取引・利益相反取引を行う取締役（会356条1項）、③責任一部免除の適用の対象取締役（会426条1項）、が該当するとされています。

　監査役としては、取締役会における代理説明者の有無や特別利害関係取締役の扱いについても、法規定に則った実務が行われているかみておく必要があります。

（6）取締役会の決議の瑕疵

　株主総会のように、法令・定款違反の決議について、特別の訴えの制度は法定化されていません[4]。しかし、前述したような取締役会に関係する事項の法令違反にとどまらず、意図的に一部取締役に招集通知を発しない場合や議案に反対をしている取締役が海外出張中に議決を行うなど、明らかに取締役会決議の妥当性に合理性を欠くと認められる場合には、一般原則によって不当決議とされ、無効となる可能性があります。

3／取締役会評価と監査役の関わり

（1）コーポレートガバナンス・コードの原則

　コーポレートガバナンス・コードでは、「取締役会は、取締役会全体としての実効性に関する分析・評価を行うことなどにより、その機能の向上を図るべきである」（CGコード原則4-11）とした上で、「取締役会は、毎年、各取締役の自己評価なども参考にしつつ、取締役会全体の実効性について分析・

---

3) 株主総会後に開催される取締役会で決議する代表取締役の選定では、当該代表取締役は特別利害関係人ではないというのが多数説である。江頭憲治郎＝中村直人編著『論点体系会社法3（第2版）』［渡邉剛］第一法規（2021年）266頁。
4) 株主総会では、株主総会不存在確認の訴え（会830条1項）、株主総会無効確認の訴え（会830条2項）、株主総会決議取消の訴え（会831条1項）が規定されている。

評価を行い、その結果の概要を開示すべきである」（CGコード補充原則4-11
③）と記載しています。コーポレートガバナンス・コードは、上場会社を対
象にしたソフトローですが、非上場会社においても、その趣旨を踏まえて自
社の取締役会機能の向上に役立てるためのヒントとなり得ます[5]。

（2）監査役の視点から考える取締役会評価のポイント

　取締役会の活性化は、ガバナンスの観点から重要なことであり、監査役の
視点から自社の取締役会の評価に積極的に関わっていく姿勢が望まれます。
評価にあたってのポイントとしては、以下の点が考えられます。

　第一は、取締役会において、質疑が活発に行われているか否かです。特
に、社外役員が積極的に発言するための体制整備ができているかが評価のポ
イントとなります。社外役員は通常は非常勤ですので、取締役会における社
外役員の有益な発言による取締役会の活性化のためには、重要な議題・議案
について社外役員に対する事前説明が行われていることが鍵となります。

　また、資料そのものについても、社内特有の表現や業界用語を多用するの
ではなく、社外役員が理解可能な工夫がされていることにも留意する必要が
あります。さらに、取締役会の場において、社外役員が必ず発言する機会を
確保するために、取締役会議長から社外役員に対して、議題ごとに発言の有
無を確認するなど、必要に応じて発言を促すような取締役会運営が行われて
いるかも評価のポイントとなります。

　第二は、議題の選択と審議状況です。具体的には、取締役会において、ガ
バナンス関係や重要な経営方針についての審議が時間をかけて十分に行われ
ているかの点です。報告事項に時間をとられて、本来十分に審議すべき議
題・議案が表面的な説明のみの承認・決議とならないことが大切です。この
ためにも、取締役会で十分な意見交換や審議を行うべき事項について、社外
役員を含めて役員間で共有化されていることが重要です。取締役会で時間を

---

5)　非上場会社においても、ガバナンスを強化する必要性があることから、コーポレートガバナンス・コー
　　ドの要素も取り入れる意義があるとの意見として、淵邊善彦＝藤井康太「非上場企業が取り入れるべき
　　CGコードの要素」ビジネス法務18巻8号（2018年）50頁参照。

かけて審議すべき重要項目を、あらかじめ取締役会で確認している会社もあります。

第三は、報酬諮問委員会や指名諮問委員会等の任意の委員会の答申に対して、取締役会が尊重する体制となっているかです。近時、任意の諮問委員会を設置する会社数が増加していますが、設置することが目的化し、委員会での答申を踏まえて取締役会で十分に議論し活用するという方針が徹底されていない会社も見受けられるようです。

取締役会評価の方法については、アンケート方式（質問形式）、役員への個別ヒアリング方式、第三者委員会に評価を委ねる方式が考えられます。どの方式を採用するにしても、あらかじめ取締役会の評価基準を取締役会で十分に審議し、その評価基準に基づいて毎年確認するという手順が確立し、最終的にはその概要を開示する実務が定着すれば、取締役会の活性化に向けて前進するものと思われます。

4 小括

わが国の法制度上、取締役会改革は長らく手つかずという状況が続きました。しかし、監査役（会）と取締役会は、会社のガバナンス機関として両輪となるものです。監査役は取締役会が適切に運用されているか再確認すること、および監査役としてガバナンスの視点から、取締役会の活性化に向けた評価に積極的に関わっていくことが期待されています。

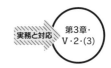

第**8**章

実務と対応 第3章・
Ⅴ・2・(3)

監査役と社外取締役の連携

1 はじめに

　監査役と社外取締役は、法的には非業務執行役員に分類されます。監査役は、取締役や使用人との兼務禁止規定（会335条2項）がありますので、非業務執行役員であることは自明です。他方、社外取締役の場合は、業務執行取締役でない者（就任前10年間業務執行取締役でなかった者を含む）と規定されていますので（会2条15号）、同じ取締役の中で、業務執行をしていない、もしくは一定期間業務執行をしていなかった取締役ということになります。

　改めて考えてみますと、監査役にはその法的権限が規定されているのに対して、社外取締役はその定義は示されていますが法的権限が明示的に示されているわけではありません。しかし、取締役会の権限として、①業務執行の決定、②取締役の職務執行の監督、③代表取締役の選定及び解職（会362条2項）、がある以上、社外取締役は取締役会の構成員の1人として、①から③の役割を担っていることになります。言い換えると、業務執行取締役は業務執行を行う傍ら、監督機能の2面性を持っているのに対して、社外取締役は監督機能に特化した役割があることになります。

　コーポレートガバナンスという言葉には、不祥事防止等の「守りのガバナンス」と企業の持続的な成長を図る「攻めのガバナンス」が含まれていると思いますが、会社法の規定では、監査役が「守りのガバナンス」を担い、社外取締役が「攻めのガバナンス」を担うという線引きがされているわけではありません。大事なことは、監査役と社外取締役とが経営への監視の視点から同じコーポレートガバナンスの一翼を担う役員として、相互の特徴を踏ま

75

えて連携を深めることです。

　そこで本章では、令和元（2019）年改正会社法において、社外取締役に関する規定の改正があったことを踏まえて、社外取締役に焦点を当てつつ、監査役と社外取締役との具体的な連携の在り方について解説します。

2／社外取締役を巡る法制化の経緯

（1）平成26年会社法

　昭和25（1950）年の商法改正において、米国に倣って取締役会に監督機能を持たせて以来、法は長らく取締役会と監査役にガバナンスの役割を担わせてきました[1]。その後、わが国では、マスメディア等で企業不祥事が大きく報道されるなどの理由でガバナンス強化の要請が強まった際には、監査役（会）の権限強化の法令改正で対応をし、取締役会の抜本的な改革は先送りにされてきました。

　このため、海外の機関投資家を中心に、わが国の取締役会としての監督権限を機能させるために着目したのが、社外取締役選任の法定化です。監査役（会）の権限を強化したものの、監査役に取締役会での議決権がないために、代表取締役の選定・解職権限を有していないことから、ガバナンスの観点からの実効性に疑問を呈する向きもあったこと、わが国の取締役は内部昇格者を基本としており、取締役間に歴然たる序列がある中で取締役会において自由闊達な議論が期待できないこと、欧米主要国を中心に社外取締役の選任は一般的になっていることなどが、選任法定化の根拠として主張されました。

　そこで、社外取締役選任の法定化の可否については、2010（平成22）年4月からの法制審議会会社法制部会（以下「平成22年部会」という）における審議で大きなテーマの1つとなりました[2]。審議の中で、社外取締役の果たす

---

1) 昭和25（1950）年商法改正によって、取締役の権限を大幅に拡大させたものとあわせて、その権限行使を慎重なものにするために、取締役会という会議体に監督機能を持たせた背景がある。落合誠一編『会社法コンメンタール8　機関（2）』[落合誠一] 商事法務（2009年）362〜363頁。

べき機能として、①業務執行全般の監督機能、②会社と業務執行者との利益相反の監督機能、③会社と業務執行者以外の利害関係者との利益相反を監督する機能、の3つを示した上で、選任義務化の是非について審議されました。

利益相反の監督機能の役割をあえて取り上げているのは、会社と社内出身取締役（以下「社内取締役」という）との間、もしくは第三者と社内取締役との間で利益相反に該当する事案に対して、業務執行者から独立した立場の社外取締役が取締役会で意見表明をしたり、最終的には議決権行使を通じて監督機能を果たすことができるであろうとの観点からです。

平成22年部会での審議の結果、設置の法定化に対して賛否の意見が鋭く対立したことから、平成26（2014）年会社法では、社外取締役の選任義務化は見送られ、その代わりに公開会社かつ大会社である監査役会設置会社のうち、有価証券報告書提出会社は「社外取締役を置くことが相当でない理由」を事業報告および株主総会参考書類の内容に含めるとともに（平成26年会施規74条の2、124条2項・3項）、株主総会での説明を義務付けました（平成26年会327条の2）。

さらに、コーポレートガバナンスの強化を継続する観点から、改正施行後2年を経過した場合において、社外取締役の選任状況や社会経済情勢の変化等を勘案し、必要があると認めるときは、社外取締役選任の義務付けなどの措置を行うという附帯決議を設けました（平成26年会社法附則25条）。

（2）令和元年改正会社法

平成26（2014）年会社法の附帯決議に基づき、予定どおり2017（平成29）年4月から、法制審議会会社法制（企業統治等関係）部会（以下「平成29年部会」という）にて審議が開始され、2019（令和元）年12月4日の国会承認（令和元年法律第70号）により、社外取締役選任が法定化されました。

---

2) 平成14（2002）年の商法改正で導入された米国モデルの委員会等設置会社（現在の指名委員会等設置会社）は、少なくとも2人以上の社外取締役が義務付けられたものの、委員会等設置会社に移行した会社自体が少数にとどまったために、当時は社外取締役の選任の広がりはみられなかった。

　具体的には、監査役会設置会社（公開会社であり、かつ大会社であるものに限る）であって、有価証券報告書提出会社は、1名以上の社外取締役をおくことが義務付けられました（会327条の2）。さらに、社外取締役を選任しなかったときには、過料に処せられることも定められました（令和元年会976条19号の2）。平成29年部会においても義務化反対の意見は出されましたが、その当時において、有価証券上場規程には独立取締役を1名以上確保する努力義務が定められ（上場規程445条の4）、コーポレートガバナンス・コードでも、2名以上の独立社外取締役を選任すべきとされていました（令和3年6月改訂前CGコード原則4-8）。このため、平成29年部会で審議中の平成29年度において、東京証券取引所のすべての上場会社のうち、96.9％（東証一部上場会社では、99.6％）もの会社が、すでに社外取締役を選任していました[3]。したがって、社外取締役の選任については、上場規程やコーポレートガバナンス・コードのソフトローがまず先行し、その後実務が定着した上でハードローである会社法に規定されたことになります。

　令和元年改正会社法では、社外取締役に関して、選任義務化に加えて業務執行を社外取締役に委託することが可能となりました。従前は、社外取締役は業務執行取締役でないことが要件とされていました。しかし、マネジメント・バイアウト（MBO）や親子会社間の取引等において、会社と業務執行取締役との利益が相反となる取引が生じる状況も想定され得ることから、会社は、その都度取締役会の決議によって社外取締役に会社の業務執行を委託することができるとされ、業務執行をしたとしても、社外取締役の要件から外れることはなくなりました（会348条の2）。

　これらの改正は、社外取締役に対して、業務執行者から独立した立場で監督する役割を期待するとともに、業務執行の一部まで担わせることも可能とすることで、社外取締役を活用しようとする趣旨がうかがえます。

---

3)　法務省民事局参事官室「会社法制（企業統治等関係）の見直しに関する中間試案の補足説明」旬刊商事法務2160号（2018年）58頁。

（3）監査役と社外取締役の法的権限の違い

　監査役と社外取締役は、業務執行取締役らに対する監視機能を持っていることは共通していますが、監視機能を具体的に発揮する法的権限については、両者の間に著しい相違があります。監査役と社外取締役の主な権限は、それぞれ以下のものがあります。

① 監査役の法的権限

　第一は、業務報告請求権・業務財産調査権です。監査役は、いつでも取締役や使用人に対して、事業の報告を求め、また業務および財産の調査をすることができます（会 381 条 2 項）。報告請求権・業務および財産調査権のために、監査役は執行部門に対してヒアリングをすることにとどまらず、必要に応じて各種の会議・委員会に出席したり資料を請求することができますが、法的には取締役等は監査役のこれらの請求を拒否できません。拒否できないばかりか、業務財産調査権の行使を妨げたときには、取締役等には過料が課せられます（会 976 条 5 号）。

　しかも、監査役が十分に調査できないときには、株主に提出する監査報告にその旨およびその理由を記載することもできます（会施規 129 条 1 項 4 号）。また、業務報告請求権や業務および財産調査権は、職務の遂行に必要があれば子会社に対しても行使できます（会 381 条 3 項）[4]。親会社の取締役等が子会社を利用して法令・定款違反を行っていたり、そのおそれがあるときに、子会社への業務報告請求権・業務および財産調査権の行使を通じて、親会社の取締役の職務執行を監査することができます。

　また、会計監査人に対しても、必要に応じてその監査に関する報告を求めることができます（会 397 条 2 項）。監査役が会計関連の不祥事のおそれや事実を認知したときに、会計の職業的専門家である会計監査人に特別に調査を依頼し報告を受けることができます。

4）　子会社の場合は、正当な理由があるときは、親会社監査役の業務報告請求権等を拒否できる（会 381 条 4 項）。親子会社の関係であっても、法人格が別であるからである。

第二は、監査役の是正権限です。監査役は、取締役の法令・定款違反の行為によって会社に著しい損害が生ずるおそれがあるときは、その取締役に対して行為を差し止めることができます（会385条1項）。いわゆる取締役違法行為差止請求権です。

具体的には、裁判所に対して当該取締役のその行為を差し止める訴えを提起するとともに、これを本案として仮処分の申請を行います。司法の力を借りて取締役の行為を止めさせることになります。監査役が取締役違法行為差止請求権を行使することによって、会社の著しい損害発生の未然防止や拡大を直接防ぐことができるという点で、取締役違法行為差止請求権は監査役の強力な法的権限といえます。

取締役に対する違法行為差止請求権は、会社に著しい損害が生じるおそれがある事前の是正権限であるのに対して、取締役の行為によって会社に損害が生じた場合には、当該取締役に対して会社を代表して訴訟提起をすることができます（会386条1項1号）。

例えば、営業担当の取締役が独占禁止法違反をした結果、会社が損害を被ったときには、監査役が会社を代表して当該取締役に対する会社への損害賠償の支払請求の訴訟提起を行うこと、または株主からの提訴請求（会847条1項）に対する調査の結果に基づいて訴訟提起することができます。

第三は、個別の同意権や請求権です。取締役・執行役の会社に対する責任の一部免除関係の際の同意（会425条3項）、株主代表訴訟における会社の補助参加の同意（会849条3項）と訴訟上の和解の際の同意（会849条の2）ならびに監査役の選任議案の提出にあたっての同意、監査役の選任議案の提出請求権（令和元年会343条1項・2項）があります。

このような法的権限が、戦後の商法改正（現在の会社法）の都度、審議・検討され、監査役の権限として強化されてきた立法経緯があります。

② 社外取締役の権限

これに対して、社外取締役には独自の法的権限が存在するわけではなく、取締役会の構成員としての監督機能に特化されています（令和元（2019）年改

正会社法で法定化された一部業務執行の委託を除く)。そして、監督機能を具体的に発揮する場が取締役会での議決権です。取締役会は法定決議事項(会362条4項等)の意思決定機関であると同時に、代表取締役の選定・解職を行う機関でもあります。また、業務執行取締役は、少なくとも3ヶ月に一回以上は、取締役会で自己の職務の執行状況の報告をしなければなりません(会363条2項)。したがって、社外取締役は、取締役会に出席して法定の決議事項や取締役会規程に基づく議決権を行使し、報告事項については意見陳述等を行うことによって監視・監督の役割を果たします。

　もちろん、社外取締役は取締役会以外の他の重要な会議への出席や出張を法的に制限されているわけではないので、監督権限を補充するために積極的に実施することがあり得ます。しかし、社外取締役の圧倒的多数が非常勤であり、かつその多くは本務がある上に複数の社外取締役を兼務している実態を考えると、時間的な制約もあり基本的には取締役会への出席のみに限定されてしまうのが実情です。

　監査役のように、法的権限として業務報告請求権や業務および財産調査権を利用して、半ば強制的に業務執行部門に対して重要な資料を請求したり、ヒアリングすることができるわけではありません。法的権限が存在する場合はそれを適切に行使しなければ善管注意義務にも関わってきますので、能動的な活用が意識されるのに対して、社外取締役の場合は、執行部門への遠慮も含めて受動的な対応とならざるを得ない面もあります。

3／監査役と社外取締役との連携

　前述したように、同じ非業務執行役員であっても、監査役と社外取締役は法的権限の程度の点で大きな違いがあります。したがって、これらの違いを踏まえた上で、両者の特徴を活かした具体的な連携が企業実務の観点からは重要になります[5]。以下、具体的に考えてみます。

---

5) コーポレートガバナンス・コードでも、監査役または監査役会と社外取締役との連携を確保すべきとの記述がある(CGコード補充原則4-4①)。

　第一は、監査役と社外取締役との間の定期的な打ち合わせ（意見交換会、連絡会）です。定期的な打ち合わせでは、社外監査役のみならず社内常勤監査役も出席することがポイントです[6]。意見交換会の場を活用して、常勤監査役から社外取締役に対して質と量の両面から、積極的な社内情報の提供が期待できるからです。

　取締役会設置会社は監査役を設置する義務があり（会 327 条 2 項）、常勤の監査役の設置が法定化されている大会社（会 328 条 1 項・390 条 2 項 2 号）以外でも、上場会社を中心に多くの会社において常勤の監査役が就任しています。常勤の場合は、社内の情報収集力の面で、非常勤者と比較してはるかに優位性があります。したがって、監査役が得た監視・監督に関わる情報を社外取締役に積極的に提供することにより、社外取締役にとって取締役会での発言や決議の際の参考となります。

　他方、社外取締役としては、会社の仕組みに関わる内部統制システムの整備状況について、取締役会では時間的制約等の理由から発言しにくい懸念事項等について、監査役から実態の説明を受けたり、それらを業務監査の重点ポイントとして監査役に依頼することが考えられます。

　また、社外取締役と会計監査人との間では、その接点はほとんどないのが現状ですので、監査役と社外取締役のどちらかからでも、社外取締役と会計監査人との間に意見交換の場を提案することも有益です。

　意見交換会の頻度も固定的に考える必要はないと思いますが、有事の際に緊急に集まる場合とは違い、平時に定期的というところに意義がありますので、例えば、少なくとも年に 2 回程度、できれば四半期ごとの年 4 回の実施が考えられます。

　第二は、監査役と社外取締役との意見交換で得た内容や提言を代表取締役に説明・報告することです。取締役会は限られた時間で多くの決議事項や報

---

6)　日本監査役協会のアンケート結果によると、社外取締役との連携の一環として、社外取締役が監査役会に出席している割合は 11.0%（271 社）で約 1 割、常勤監査役と定期的に意見交換を実施している割合は 18.8%（462 社）、他方で一切情報提供や意見交換を行っていない会社は 31.3%（770 社）との実態がある。日本監査役協会「役員等の構成の変化などに関する第 22 回インターネット・アンケート集計結果」月刊監査役 736 号別冊付録（2022 年）80 頁。

告事項を処理しなければならないために、1つ1つの議題・議案に対して十分に審議する時間的な余裕がありません。このために、普段から少し気になっていること、今後に向けて注意を払った方がよいと思ったことも、社外取締役個人として取締役会で発言することは、必ずしも容易なことではありません。

　しかし、監査役と社外取締役との意見交換会で得た内容について、代表取締役に率直に話をする機会を持つことは意義があります。監査役と社外取締役の個人的関係から、意見交換によって得た情報を両者間のみにとどめておくことは、特段の事情がある場合を除き、情報の共有化・透明性という点からいえば、基本的には望ましいことではないと思われます。

　第三は、監査役と社外取締役との意見交換で得た情報を、各々の職務に積極的に活用することです。監査役は、社外取締役の懸念事項を監査計画に反映させたり、期中であれば、具体的な業務監査において重点的なヒアリングの実施や調査・往査、および監査役の法的権限行使に活用します。

　一方、社外取締役は、監査役から得た情報をもとに、取締役会以外の重要会議への出席、および自身のこれまでの知見を利用して、あらゆる機会を利用して具体的な提言を行うことにつなげていくことが有用です。社外取締役からのメッセージを従業員に直接発信する意義と影響は大きいものがあります。

4 小括

　令和元年改正会社法により、社外取締役の選任が法定化され、かつ会社と業務執行取締役や第三者との利益相反取引に関して、社外取締役の職域が拡大しました。また、社外取締役の複数化、さらに海外機関投資家等からは、取締役会での社外取締役の過半数化や取締役会議長に社外取締役が就任することなどの主張も強くなってきています。このような状況も踏まえ、今後、社外取締役の人材確保に支障を来す懸念が高まってきています。

　単なる数合わせではなく、社外取締役に十分にその職責を果たしてもらう

ためには、各社の実情に相応しい人材の確保と同時に、社外取締役への情報
提供も含めて、社内体制整備が不可欠です。

　この点からも、監査役と社外取締役との具体的な連携は、体制整備の一環
として重要視すべきと思います。兼務会社数が多かったり、本務が忙しく
て、監査役との定期的な意見交換の場への出席もままならないような社外取
締役であるとすると、そもそも社外取締役として相応しくないのかもしれま
せん。

　監査役と社外取締役との間で、法的権限や社内で期待されている役割を相
互に認識しながら、忌憚のない意見交換を行った上で、そこで得た共通認識
を代表取締役に伝え、今後の経営に活かす実務が定着することが望まれま
す。取締役会に上程される案件にとどまらず、監査役と社外取締役が重要な
情報を共有化し、それを会社全体として積極的に活用していく方向性を持つ
ことがコーポレートガバナンスの基本的な在り方の1つと考えるべきです。

監査役と会計監査人との連携の在り方と実務

1 はじめに

　監査役監査と会計監査人監査に内部監査を加えて、三様監査と呼称します。三様監査の中で、内部監査は任意監査であるのに対して、監査役監査と会計監査人監査は法定監査となります。三様監査間で連携を深めることは重要ですが、とりわけ法定監査を担う監査役と会計監査人は、相互に補完関係にあるとの認識のもと、法定監査を全うする必要があります。

　監査役は、取締役の職務執行を監査した上で、監査役監査報告を作成しなければなりません（会381条1項）。監査報告を作成するために、監査役には、取締役や使用人に業務報告を請求したり調査する権限があります（会381条2項）。監査役は、執行部門より法的に独立した立場から監査を行うために、取締役や使用人との兼務はできません（会335条2項）。業務執行者との兼務は自己監査となってしまうからです。

　他方、会計監査人（金融商品取引法上は「監査人」、以下、同法の文脈で使用するとき以外はまとめて「会計監査人」という）は、株式会社の計算書類およびその附属明細書、臨時計算書類ならびに連結計算書類を監査する権限があり、事業年度の会計監査の結果として会計監査報告書の作成義務があります（会396条1項）。会計監査人にはその職務を遂行するために、いつでも、会計帳簿またはこれに関する資料を閲覧・謄写できる権利や、取締役や使用人に対して、会計に関する報告の請求権があります（会396条2項）。会計監査人は、外部の会計の職業的専門家として、公認会計士または監査法人（5名以上の公認会計士を社員として設立された法人）でなければなりません（会337条1項）[1]。

　両者とも、一事業年度の監査業務を通じて、最終的に監査報告書を作成
し、株主総会の前に、招集通知や参考書類と同様に株主に通知されます。監
査役も会計監査人も会社とは委任関係にあることから（会330条）、会社に対
して善管注意義務を負うことになります（民644条）。したがって、両者とも
その職務につき任務懈怠が認められる場合には、任務懈怠によって生じた会
社の損害に対して、賠償する責任が生じることになります（会423条1項）[2]。
また、同様に第三者が被った損害に対しても、損害賠償責任を負います（会
429条1項）。仮に、会計関係の不祥事が発生したことによって、会社が損害
を被ったときに、監査役と会計監査人がともに任務懈怠責任があると認めら
れれば、会社に対して連帯責任を負うことになります（会430条）。

　このように、内部監査部門とは異なり、法定監査を担う会社法上の会社機
関である両者には、法的責任が明定されていることから、法的権限を行使す
るにあたっても、会社法上定められた連携義務はもとより、その法的義務を
踏まえた実務上の具体的な連携が重要となってきます[3]。このような課題意
識から、本章では、会社法制を中心に両者の連携について確認した後、具体
的な連携実務、さらには2021年3月期から適用されている金融商品取引法
（以下「金商法」という）上の監査人の監査報告書における「監査上の主要な検
討事項」（KAM）の記載への対応[4]に向けた監査役と会計監査人との連携実
務について解説します。

1）　会計監査人を設置しない会社が、公認会計士や監査法人と監査契約を締結して会計監査を実施すること
　　は可能であるが、この場合は会社法上の適用を受けない任意監査となる。
2）　会社法は、任務懈怠の具体的な基準を定めているわけではないので、会計監査人の場合には、例えば企
　　業会計審議会（金融庁長官の諮問機関）が定めた監査基準や日本公認会計士協会が定めた行為準則、監
　　査役の場合には、日本監査役協会が定めた監査役監査基準が1つの目安となる。
3）　西山教授（九州大学名誉教授）は、監査役と会計監査人との連携の確立は、法による強制ではなく、健
　　全な監査慣行として形成されるべきであると主張している。西山芳喜『監査役とは何か－日本型企業シ
　　ステムにおける役割－』同文舘出版（2014年）248頁。
4）　KAMの記載が義務付けられているのは、有価証券報告書提出会社（非上場企業のうち、資本金5億円未
　　満または売上高10億円未満、かつ負債総額200億円未満の企業は除く）であり、2021年3月決算に
　　係る財務諸表の監査から適用（2020年3月決算からの早期適用も可能）となった。

2 / 会計監査人監査と監査役監査の連携の経緯

(1) 明治時代~昭和49年改正商法まで

　監査役制度は、明治32（1899）年の商法時代から存在しており、監査役には会計監査権限がありました。当時は、会計監査人の法的制度が整備されていなかったことから、監査役が業務監査に加えて、会計監査も担っていたことになります。

　戦後の昭和25（1950）年改正商法において、米国に倣って取締役会に監督機能を付与することと関連して、監査役の業務監査権限は撤廃され、会計監査権限のみとなりました。もっとも、会計の知見を有する監査役ばかりとは限らないことから、会計監査の実効性は不十分といわざるを得ない状況が続きました。

(2) 昭和49年改正商法

　その後、山陽特殊製鋼による粉飾決算事件等、企業不祥事が大きな社会問題となったことから、昭和49（1974）年改正商法において、監査役に業務監査権限が復活するとともに、職業的専門家である会計監査人による監査制度が創設されることになりました。その際、監査役に付与されていた会計監査権限はそのまま継続されたことから、会計監査については、監査役と会計監査人の両者が行うことになりました。もっとも、会計監査人は会計監査の専門家であることから、実務的には会計監査そのものは、専ら会計監査人が行い、監査役は会計監査の方法と結果の相当性を判断するという形をとることになりました。このように、昭和49年改正商法をもって、各々の特徴を活かした連携の必要性の原型が法制度的に生じるに至ったと理解することができます。

　なお、同時に制定された商法特例法（正式名称は「株式会社の監査等に関する商法の特例に関する法律」）において、大会社（当時の定義では、資本の額が5億

円以上）では、会計監査人による監査が義務付けられました（商法特例法2条）。大会社の場合には、会計処理は複雑で多岐にわたるために、会計監査人監査が必要と考えられたためです。

(3) 昭和56年改正商法～今日

昭和56（1981）年改正商法時における商法特例法では、監査役がその職務を行うに際して必要があるときは、会計監査人に対する報告請求権、監査役の全員の同意による会計監査人の解任、取締役に不正や法令・定款違反行為等の重大な事実があったときは会計監査人から監査役への報告義務等が規定されました。昭和56年改正商法を経て、会計監査人と監査役の連携内容が具体的に規定されることとなり、基本的には現行会社法に継承されています（現行法における監査役と会計監査人の両者に関係する内容は**図表9-1**参照）。

図表9-1 監査役と会計監査人の連携に係る会社法の規定

会計監査人から監査役	● 取締役の重大な不正行為等の監査役への報告（会397条1項） ● 会計監査人の監査役への通知（会算規130条1項） ● 会計監査人の職務の遂行に関する事項の監査役への通知（会算規131条）
監査役から会計監査人	● 会計監査人の解任（会340条1項） ● 会計監査に関する報告請求（会397条2項）
監査役の会計監査人に関する職務	● 会計監査人解任の株主総会での報告（会340条3項） ● 会計監査人の解任又は不再任の決定方針の事業報告への記載（会施規126条4号） ● 会計監査人の選解任、不再任議案の内容の決定（会344条） ● 一時会計監査人の選任（会346条4項） ● 監査役による会計監査人の報酬同意（会399条1項） ● 会計監査人の監査の方法又は結果の相当性判断（会算規127条2号） ● 会計監査人の職務の遂行に関する事項の評価（会算規127条4号）

注：会＝会社法、会施規＝会社法施行規則、会算規＝会社計算規則
出所：筆者作成。

（4）時期ずれの問題とインセンティブの捩れの問題

　監査役と会計監査人との間の連携に係る主要論点として、「時期ずれ問題」と「インセンティブの捩れの問題」があります。

① 時期ずれ問題
　「時期ずれ問題」とは、会社法と金商法との時系列的な差に伴う監査役と会計監査人との関係を表した問題です。内部統制システムを構築し適切に運用する責務を負っているのは取締役であり、内部統制システムを決定・決議した場合には、その内容の概要及び当該体制の運用状況の概要を事業報告に記載しなければなりません（会施規118条2号）。
　それに対して、監査役は、事業報告に記載された内部統制システムの事項についてその内容が相当でないと認めるときには、監査報告の内容としてその旨および理由を記載することになります（会施規129条1項5号）。監査役は、取締役が内部統制システムを構築し適切に運用しているかについて、取締役の善管注意義務を判断する一環として監査をすることになります。
　内部統制システムには、会計監査人が直接関与する会計関連の相当性も含まれることから、内部統制システムの決議の内容や事業報告の記載内容、ならびに内部統制システムに関する取締役の職務執行について指摘すべき点はなく、相当であるとの監査役の判断は、会計監査人の監査の相当性に対する評価も含むことになります。
　他方、金商法上の財務報告に係る内部統制システムでは、監査役は統制環境の一部を構成するものと位置付けられており、その中で、会社が作成した財務報告に係る内部統制システムの報告について、監査人が監査証明を付すことになっています（金商193条の2第2項）。
　「財務報告に係る」と限定されたものとはいえ、金融庁の実施基準では、全社的な内部統制の評価が求められています。そこで、仮に会社法に基づいた監査役監査報告で内部統制システムが相当である旨の記載を行っても、その後の金商法上の財務報告に係る内部統制システムに対する経営者の有効と

の評価に監査人が疑義を示した場合には、会社法上の監査役監査報告作成時期と金商法上の監査人の監査証明を付す時期の違いによる時期ずれを要因として、監査役と会計監査人の評価が異なったことになります。

② インセンティブの捩れの問題

「インセンティブの捩れの問題」とは、会計監査を受ける会社（代表取締役）が会計監査を行う会計監査人の人事権や報酬の決定権を持っていることへの問題を指していました。本問題については、平成 26（2014）年改正会社法において、会計監査人の人事権は、会社から監査役に移ったこと（会 344条1項）、一方、会計監査人の報酬の決定権は引き続き会社が持つこととなったものの、監査役が報酬に同意をする場合には、公開会社では事業報告にその理由を記載する（会施規 126 条 2 号）規定がおかれ、その実効性が図られたことから、捩れ問題の解消については一定の進展がみられました。今後は、報酬の決定権についても、監査役に移行する立法措置が行われるか否かが焦点となっています。

3 KAMの記載も踏まえた会計監査人と監査役の連携の在り方と実務

（1）KAMの記載と相互連携の必要性

監査基準によると、「当年度の財務諸表の監査の過程で監査役等と協議した事項のうち、職業的専門家として当該監査において特に重要であると判断した事項（傍点筆者）」を監査人の監査報告に記載することを義務付けるとしています（企業会計審議会、改訂監査基準 第四報告基準二 2（2））。したがって、監査人は監査役とKAMの記載事項を協議した結果を踏まえて最終的に監査報告を策定することから、KAM の選定を巡って、従来以上に監査役と（会計）監査人との連携が必要となってきます。

KAMについては、「KAM の内容」「当該事項を KAM であると判断した

理由」「当該事項に対する監査上の対応」を監査報告に記載します。これらについて、（会計）監査人は監査役と協議することになるため、監査役としても、自社の業種・業態の特徴に加え、当該事業年度の状況も踏まえた上で、会計監査人との協議に臨む姿勢が大切となります。

　以下、KAMの記載制度の導入を見据えて、監査役と会計監査人の連携実務について考えてみます。

（2）期初段階

　監査役と会計監査人は、期初の段階で相互に監査計画を説明することが実務では定着しています。その際、KAMを相互に意識して、会計監査人から当該事業年度における監査の基本方針のみならず、重点的に監査を実施しようとしている内容や事業所、さらには具体的な監査の実施要領等についてまで、監査役は説明を受け意見交換を行います。言い換えれば、会計監査人からのKAMの候補項目の説明について、監査役は質疑を通じて意識的に関与する姿勢が求められます。

　監査役からも、会計監査人に対して重点的に監査の実施を要望する項目があれば、期初の段階で要請します。KAMは、会計監査人の監査結果とは別に、投資家等に対する監査プロセスに関する情報提供としての意義もあることから、積極的な意見交換が望まれます。なお、前年のKAMの記載事項と新年度の記載予定事項との間の変更の有無についても、期初の意見交換の段階で、監査役は確認すべきです。

　加えて、会計監査人からは、会計監査報酬に関係するため、当該事業年度の会計監査延日数と会計監査に携わる会計監査体制について説明を受けます。会計監査延日数は、監査役が執行部門の会計監査人監査報酬案に同意する際の判断基準となりますので、監査役としては、期初の段階で前年実績との差異、新年度における会計監査人の重点監査箇所や項目について納得がいくまで説明を受けるべきです。

(3) 期中段階

　監査役は、期中時点での節目において、その時点までの会計監査結果の報告を受けます。その際、会計監査の実施状況や会計監査人による経理・財務部門への指摘事項の有無も確認します。会計監査人から経理・財務部門への指摘事項があった場合には、あわせて、経理・財務部門との意見の相違が生じたか否かも確認します。

　会計監査人と経理・財務部門との間で意見の相違があったとしても、最終的に相互に調整がついていればよいですが、期末時期まで解釈の違いなどにより未調整の場合には、監査役としてどちらの意見が適正であるかの判断も必要となってきます。また、期初に説明を受けた会計監査計画と実績における乖離の有無についても確認した上で、乖離があった場合はその理由の説明を受けます。

　他方、監査役が実施した期中監査結果の説明を会計監査人に行います。監査役の期中監査結果から、グループ会社を含めて会計監査人に対する会計監査の追加要望事項が存在する場合は、会計監査人に確実に申し入れます。特に、マスメディアで会計不祥事が報道された場合、会計監査人に対して、自社でそのような類似不祥事がないか、追加の重点会計監査の要請を行うこともあり得ます。

　KAMとの関連で、期中の段階で発生し将来の財務諸表にも影響を及ぼすと考えられる事象が発生した場合には、事業上のリスク項目としてKAMの記載事項となることも考えられます。特に、事業の不振による減損リスクは、財務諸表にも影響を及ぼす懸念があります。会計監査人の最終的な監査結果において継続企業の前提に特に疑義がなく、無限定適正意見となれば問題ないといえます。

　いずれにしても、監査役はKAMに記載される可能性のある事項を特に注視して、会計監査人と重点的に意見交換を行うことになります。また、監査の実施過程において、KAM候補の項目変更が生じた場合には、会計監査人からその理由を含めて説明を受ける機会が適切に設けられるように、日頃か

ら相互のコミュニケーションと信頼関係を醸成するように心がけるべきです。

（4）期末段階

　期末時期においては、監査役は、会計監査結果の報告を受けることが最も重要となります。その際、会計監査人からの会計監査報告を最終的に受領する前段階のドラフト段階で説明を受けた上で、最終的な監査報告とするような段取りが必要です。特に、会計監査人の監査結果として、無限定適正意見の報告書ではないことが想定されるときは、早い段階で相互の意見交換を行うことが重要となってきます。

　さらに、監査役は、会計監査人の職務遂行に関する事項、いわゆる会計監査人の内部統制システム状況の確認も必要です。なぜならば、監査役監査報告には、会計監査人の内部統制システムの状況についての記載もあるため、この点について会計監査人から説明を受けます。

　会計監査人の内部統制システムとは、監査法人の審査体制や責任者に関する事項等であり、会計監査人には書面で監査役に通知する義務がありますが（会算規131条）、監査役としては、単に書面で通知を受けるのではなく、直接説明を受けるべきです。その上で、監査役は事業年度を通じて会計監査人の監査の方法と結果の相当性の判断を行い、最終的には、執行部門を通じて株主に提出される監査役監査報告の内容とします。

　なお、財務報告に係る内部統制システムやKAMの記載については、金商法上に規定があるため、会社法で定められている監査役監査報告での記載は法定されていません。しかし、財務報告に係る内部統制システムは、全社レベルの内部統制システムにも関係することから、監査人の内部統制システムの評価と監査役の評価に相違がないように、監査役が監査報告を提出する前までに事前に会計監査人と調整しておき、最終的に齟齬が生じないことが望ましいといえます。

　前述した時期ずれ問題では、内部統制報告書に対する監査人による評価の方が後ですが、後発事象の問題を除けば、最終的には内部統制システムにつ

いて監査役と会計監査人の評価が一致するように、相互に意識すべきです。

またKAMの記載事項についても、金商法の監査報告では必須であるのに対して、会社法上の監査報告への記載は任意となります。仮に会計監査人が会社法上の監査報告にKAMを記載した場合には、会計監査人の監査の方法と結果の相当性を判断する監査役としては、KAMが会計監査人と協議した結果であるとの事情も勘案すれば、監査報告にKAM関連について記載することも十分にあり得ると思います。一方、会計監査人が記載しなかった場合でも金商法上の監査報告では記載が必須となりますので、時期ずれ問題も意識して、後に整合性に支障を来さないように監査役としては注意を払うべきです[5]。

4 / 小括

KAMが導入されている中、監査役と会計監査人との実効性のある連携はますます重要となってきます。法定監査を行う会社機関として相互の信頼関係を醸成しつつ、監査役は会計監査人の専門性を、会計監査人は監査役の社内状況に精通している特徴を相互に意識して職務を遂行していくことが、コーポレート・ガバナンス上も重要となります。

すなわち、KAMを単に会計上の問題とするのではなく、KAMから留意すべきガバナンス上の問題にも意識を持った上で、監査役は必要に応じて業務監査の視点で確認をし、執行部門に対応を促す場合もあることを認識すべきです。

---

5) 日本監査役協会と日本公認会計士協会は、2018（平成30）年1月25日に「監査役等と監査人との連携に関する共同研究報告」を改正している。

まとめ

　株主総会は、会社の最高の意思決定機関ですが、取締役会設置会社では、株主総会が決定する多くの事項を取締役会に授権していますので、取締役の選任等、一部の議題・議案以外については、取締役会が社内における最終的な意思決定機関となります。

　会社法上は、代表取締役の選定・解職（会362条2項3号）をはじめとして重要な財産の処分および譲受け（会362条4項1号）など多くの事項について、特定の取締役に一任するのではなく、取締役会で決定しなければなりません。同時に、取締役会は、取締役の職務執行を監督する権限があります（会2項2号）。多くの意思決定を行う中で、各取締役が善管注意義務・忠実義務を果たしているか、取締役会として監視・監督する役割があります。取締役は取締役会において、議決権の行使を通じて自らの意思表示をすることになりますから、取締役会としての役割は、各取締役の責務となります。例えば、内部統制システムの基本方針を決定することは取締役会の専決事項ですので（会362条4項6号）、内部統制システムの不備を原因として、重大な事件・事故・企業不祥事が発生し会社に損害をもたらす事態となった場合、相互に相当の因果関係が認められれば、取締役は会社に対して損害賠償の支払の連帯責任を負う可能性が高くなります（会423条1項）。取締役会が会社のガバナンス機関とも称される所以です。

　他方、監査役は、取締役会に出席することを通じて、取締役会として、上記の権限が適切に機能しているか監視し、必要に応じて意見陳述します（会383条1項）。具体的には、個々の取締役の報告・質疑・議題への賛否の状況を監視するとともに、監査役自ら質問をしたり、意見を述べることを通じて確認することになります。

　取締役会が適切に機能するためには、取締役会がいかに運営されているか

にも大きく関わってきます。したがって、監査役としては、単に個々の取締役の善管注意義務・忠実義務を果たしているか否かにとどまらず、取締役会そのものの運営の評価も必要となってきます。すなわち、取締役会がガバナンス機関として適切に機能するためには、取締役会が限られた時間の中で、十分な審議を行い、とりわけ重要な経営方針については、審議を尽くした上で意思決定をしているかが重要になります。特に、近時は取締役会の監督機能の強化のために、社外取締役の役割に着目し、社外取締役が社外の視点からの指摘や改善の要請、場合によっては議案に反対の意思表示をすることにより、業務執行取締役に再考を促すこともあり得ます。ソフト・ローであるコーポレートガバナンス・コードでは、当初より、上場会社においては、複数の社外取締役の選任を推奨していましたし、ハード・ローである会社法においても、2019（令和元）年の改正のときに、公開会社である大会社（監査役会設置会社に限る）かつ有価証券報告書提出会社には、社外取締役の選任が義務付けられました（会327条の2）。

　監査役としては、社外取締役の役割を認識し、社外取締役と積極的に連携を図ることが大切です。通常は、社外取締役は非常勤であり、限られた情報の中で取締役会に上程された決議事項や報告事項に対して、適切な判断をしなければなりません。会社にとって都合の悪い情報を社外取締役に説明しないこともあり得ますので、監査役から社外取締役への情報提供や社外取締役の専門的知見を活用して、監査の職務に活かすことが有益です。監査役と社外取締役とが意識的に連携をする姿勢が相互に希薄であると、会社全体としても、社外取締役を十分に活用したことにはならないとの評価になり得ます。

　監査役にとっては、社外取締役以外に、会計監査人との連携も重要です。会計監査人から会計監査の進捗状況の報告を受けたり、会計監査上で問題となり得るような事象に対して、相互にコンタクトをとることが多いことから、社外取締役との場合と比較して遙かに連携の意識は高くなると考えられます。会計監査人との連携では、年度の課題や計画、監査実績等を相互に説明しあう、実効性のある具体的な連携が必要です。特に、2021年3月期か

ら全面適用となった「監査上の主要な検討事項」(KAM) の監査人監査報告
への記載では、事前の監査役との協議がプロセスの一環として明示的に示さ
れていますので、監査役と会計監査人との連携は、さらに強められることに
なりました。

　監査役にとって、社外取締役や会計監査人との意思疎通を意識した具体的
な連携を実践することが、その職務を果たす上で今後一層大切となります。

リスク管理体制と監査役

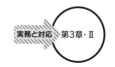

内部統制システムと監査役

1 はじめに

　法令・定款違反や不適切な企業経営が表面化し、マスコミに大きく報道される事態となると、会社の利害関係者（ステークホルダー）に影響を及ぼすだけでなく、会社の社会的信用の失墜にもつながります。会社の損害については、会社役員に対して株主代表訴訟が提起されたり（会847条1項・3項）、債権者等の第三者が損害を被れば、会社や役員は、対第三者責任を負う可能性があります（会429条1項）。

　このために、会社は不祥事の防止を図ったり、発生した事件・事故の拡大を防ぐために一定のリスク管理体制を構築することが重要となってきます。このリスク管理体制を、内部統制システムと言い換えることができます。換言すれば、内部統制システムが適切に整備されていれば、会社の不祥事が長期間放置されることはなく、不祥事やその兆候に対して迅速な対応をとることができます。内部統制システムが構築され、かつ適切に運用されていることは、会社の健全かつ持続的発展のためには、極めて重要なものとなります。

　そこで、本章では、わが国の内部統制システムの法定化の経緯を振り返りながら、内部統制システムに対する監査役の役割と実務上のポイントについて、法と実務の観点から解説します。

2／内部統制システムの位置付けと法定化の経緯

(1) コーポレートガバナンスと内部統制システム

　コーポレートガバナンスは、「企業統治」ともいわれます[1]。企業統治とは、企業が自律的に企業運営を行うことですから、会社収益の向上やリスク管理体制等について、外部から一方的に強制されることなく、自社の業種・業態・規模・企業風土等を勘案して、会社経営に当たることです。しかし、自律的な会社経営を行うとしても、属人的な能力に頼る会社経営を行うこととなると、人事異動や退職等によって役職員の入れ替えが行われる都度、方針や実務対応に大きな差が生じることが多くなります。特に、不祥事防止のためのリスク管理の点では、リスク管理体制に注意を払っていた役員や管理職から、利益至上主義の役員等に交代することによって、事件・事故が発生するリスクが高まる可能性が大きくなります。

　そこで、コーポレートガバナンスの自律的な運営に関して、一定のリスク管理について役職員の属人性に依拠するのではなく、体制として整備することを意識したのが内部統制システムということになります。

(2) 内部統制システムと裁判例

　内部統制システム（Internal Control System）は、米国において会計監査の実務の中で生成発展した概念です。外部の会計監査人にとり、会計監査対象会社の会計実務について、すべてを把握し監査することは実務的に不可能であることから、粉飾決算や会計関係書類に虚偽記載がないかなどについて、当該会社の会計処理のチェック体制やモニタリング等の体制整備の適切性を重要視することにしたものです。

---

1) 東京証券取引所と金融庁が事務局となって策定された「コーポレートガバナンス・コード」（2021年6月11日改訂版公表）の冒頭では、コーポレートガバナンスを、「会社が、株主をはじめ顧客・従業員・地域社会等の立場を踏まえた上で、透明・公正かつ迅速・果断な意思決定を行うための仕組みを意味する」としている。

　わが国で内部統制システムの概念がクローズアップされたのが、一審において取締役に対して巨額の損害賠償が認容された「大和銀行株主代表訴訟事件」[2] です。大阪地方裁判所は、「健全な会社経営を行うためには、目的とする事業の種類、性質等に応じて生じる各種のリスク、例えば、信用リスク、市場リスク、流動性リスク、事務リスク、システムリスク等の状況を正確に把握し、適切に制御すること、すなわちリスク管理が欠かせず、会社が営む事業の規模、特性等に応じたリスク管理体制（いわゆる内部統制システム）を整備することを要する（傍点筆者）。」としました。

　その上で「取締役は、取締役会の構成員として、また、代表取締役又は業務担当取締役として、リスク管理体制を構築すべき義務を負い、さらに、代表取締役及び業務担当取締役がリスク管理体制を構築すべき義務を履行しているか否かを監視する義務を負うのであり、…監査役は、…取締役がリスク管理体制の整備を行っているか否かを監査すべき職務を負う」と判示しました[3]。

　その後も、内部統制システムが争点となった大型の事案が続きました[4]。

（3）内部統制システムの法定化

　内部統制システムに関する世の中の関心が高まってきたこともあり、内部統制システムが法定化されるに至りました。

① 会社法・会社法施行規則の規定

　会社法では、「取締役の職務の執行が法令及び定款に適合することを確保するための体制その他株式会社の業務並びに当該株式会社及びその子会社から成る企業集団の業務の適正を確保するために必要なものとして法務省令で

2）大阪地判平成 12 年 9 月 20 日判時 1721 号 3 頁。
3）大和銀行株主代表訴訟事件の判旨については、取締役のリスク管理体制や法令遵守体制の構築義務を明確に打ち出し、それに基づく責任を認めた画期的な意義を持つ（岩原紳作「大和銀行代表訴訟事件一審判決と代表訴訟制度改正問題（上）」旬刊商事法務 1576 号（2000 年）11 頁）との評価があり、学会でも概ねこの評価が定着している。
4）神戸製鋼所株主代表訴訟事件（神戸地裁尼崎支部の和解勧告平成 14 年 4 月 5 日）、蛇の目ミシン工業株主代表訴訟事件（東京高判平成 20 年 4 月 23 日金判 1292 号 14 頁）、ヤクルト本社株主代表訴訟事件（東京高判平成 20 年 5 月 21 日判タ 1281 号 274 頁）等。

定める体制の整備」（会348条3項4号）として定められました[5]。ここで法務省令とは、会社法施行規則のことであり、①取締役の職務執行に係る情報の保存・管理体制、②会社の損失の危険管理に関する規程その他の体制、③取締役の職務執行の効率確保体制、④使用人の職務執行における法令・定款遵守体制、⑤企業集団における業務の適正を確保する体制、が列挙してあります（会施規100条1項）。

会社法では、取締役会設置会社においては、内部統制システムの整備は各取締役に委任することはできず、取締役会で決定しなければならないこととなっています（会362条4項6号）[6]。例えば、総務担当やリスク管理担当の取締役が自社の内部統制システムの基本方針を定めて、会社がそれに則って実施することは法令違反ということになります。

もっとも、取締役会で必ず内部統制システムを決定・決議しなければならないのは、会社法上の大会社（資本金5億円以上または負債総額200億円以上。会2条6号）と監査等委員会設置会社・指名委員会等設置会社の委員会型の会社形態を採用する会社です（会362条5項・399条の13第2項・416条2項）。

さらに、内部統制システムを決定・決議したときには、その決定・決議の内容および運用状況の概要が事業報告の記載事項となっています（会施規118条2号）。事業報告は、監査役の期末監査事項であり、その監査結果は監査役（会）監査報告の内容です。すなわち、事業報告に内部統制システムの整備状況について記載がある場合、当該事項の内容が相当でないと認めるときは、その旨およびその理由について記載することになっています（会施規130条2項2号・129条1項5号）。会社法上は、内部統制システムに係る事業報告の内容が相当でないと監査役が判断した場合にのみ、監査役（会）監査報告に記載すれば足りることになっていますが、実務上は、内部統制システム

5）米国モデルの会社形態として、平成14（2002）年商法改正で創設された委員会等設置会社（現在の指名委員会等設置会社）では、内部統制システムの構築義務が定められていた（商法特例法21条の7第1項2号）が、商法を継承した会社法においては、当時大多数の会社が採用していた監査役設置会社にまで、その対象会社を拡大した。

6）立案担当者によると、取締役会での内部統制システムの整備の決定とは、内部統制システムの基本方針を決定することである。相澤哲＝石井裕介「株主総会以外の機関［下］」旬刊商事法務1745号（2005年）26頁。

に関して、「指摘すべき事項はない」などの文言で記載している事例が圧倒的に多くなっています[7]。

　事業報告や監査役（会）監査報告は、株主に対して株主総会の前までに提出されますから、会社法上は、内部統制システムの整備状況について、最終的には株主にその評価が委ねられていることになります。株主が当該会社の内部統制システムに問題があると考えれば、株主総会に出席して取締役や監査役に質問したり、場合によっては、リスク管理に不安を感じて株式を売却し、株主としての地位を離脱することになるからです。

② 金融商品取引法の規定

　会計不祥事によってエネルギー大手のエンロン社が倒産するなどの不祥事が発生したことを契機に、米国では、Sarbanes-Oxley Act of 2002（いわゆる「企業改革法」）が制定されました。日本でも西武鉄道有価証券報告書虚偽記載事件やカネボウ粉飾決算事件が発生したこともあり、2008（平成20）年4月1日開始の事業年度から、金融商品取引法（以下「金商法」という）では財務報告に係る内部統制システムが規定されました。

図表10-1　会社法と金商法の内部統制システムの比較

	会社法	金商法
内部統制の規定表現	会社の業務の適正を確保するために必要な体制	会社の財務計算に関する書類その他の情報の適正性を確保するために必要な体制
義務の対象	大会社・指名委員会等設置会社・監査等委員会設置会社	上場企業その他政令で定めるもの
義務の内容	内部統制システムの整備に関する事項を取締役（会）で専決	事業年度毎に、財務報告に係る内部統制報告書の提出
対象範囲	親会社・子会社からなる企業集団	有価証券報告書提出会社および当該会社の子会社ならびに関連会社

出所：筆者作成。※『実務と対応』第3章・Ⅱ・3・図表3-E

7）日本監査役協会や日本経団連のひな形の文言の影響が大きいと思われる。

　経営者が内部統制報告書の中で財務報告に係る内部統制システムの有効性を自己評価するとともに（金商24条の4の4第1項）、内部統制報告書に対する外部監査人の監査証明を義務付けたこと（金商193条の2第2項）が特徴となっています（会社法と金商法の内部統制システムについての比較は**図表10-1**参照）[8]。

3 内部統制システムと監査役

(1) 内部統制システムの評価

　監査役は取締役の職務執行を監査すること（会381条1項）がその職責であることから、取締役の善管注意義務違反の有無を判断しなければなりません。取締役は、業務執行者である（会348条1項）と同時に、他の取締役の職務執行を監督する役割（会362条2項2号）もあります。内部統制システムが法定化されている今日においては、取締役の監視・監督義務には、内部統制システムが適正に構築され、かつ適切に運用されていることも善管注意義務の内容として含まれます。このために、監査役は期末の監査役(会)監査報告の記載の一部に、内部統制システムの基本方針および運用状況の相当性を判断し、記載することになっているわけです。

　会社法が施行された2006（平成18）年5月当時は、取締役会が決定・決議した内部統制システムの基本方針の相当性の判断で足りていたものが、2015（平成27）年5月1日以降は、会社法施行規則の改正により、内部統制システムの運用状況まで事業報告の記載事項となりました。

　この改正事項は、監査役の実務にも影響を及ぼしました。すなわち、従前であれば、内部統制システムとして、規程・マニュアルから会社組織・内部通報制度の設置等にいたるまで、いわば外観としての整備の評価で足りてい

---

8)　神田教授が指摘されているように、会社法規定の内部統制システムは、取締役等の善管注意義務を具体化したものと解するのに対して、金商法の規定は、情報開示制度の適正を確保するものであり、両法の目的は異なる。神田秀樹『会社法（第20版）』弘文堂（2018年）219頁。

たものが、今日においては、監査役は内部統制システムの適切な運用状況の有無まで期中の監査を通じて監視・確認しなければならなくなりました。

　外観の評価であれば、監査役（会）監査報告をまとめる期末の一時期に、取締役会が決定した基本方針が実際に整備されているとの確認で済んでいたものが、その基本方針に基づいて構築されている内部統制システムが、会社運営の中で有効活用されているか否かについて、期中の段階から業務監査を通じて評価する必要が生じていることになります。

（2）内部統制システムに関する監査役監査のポイント

　内部統制システムの構築・運用状況に対して、監査役の業務監査におけるポイントとしては以下のことが考えられます。

　第一は、執行部門からの報告聴取に関してです。監査役は、業務監査の一環として、執行部門に対して、定期的な業務報告聴取（ヒアリング）を行います。その際に、監査対象部門において、事件・事故の類が発生したか、あるいはそのおそれがなかったかなどの事実の確認が出発点となります。

　仮に、何らかの事実が報告された際には、その事実が内部統制システムの問題なのか否か、内部統制上の問題であれば、そもそも規程やマニュアル等が存在しないことが問題なのか、存在していたものの周知徹底されていなかったために遵守されなかった運用上の問題だったのかを確認することが大切です。問題があれば、要改善の指摘をし、その後内部監査部門等のコーポレート部門とも協力して、その改善が着実に行われているかフォローすることになります。

　第二に、損失危険管理体制（会施規 100 条 1 項 2 号）関連です。不祥事の発生または発生のおそれが生じた場合には、その事実が遅滞なく報告されることが内部統制システムの観点からは重要です。事件・事故を未然に防止したり、すでに発生している事件・事故の拡大を防ぐためには、事案によっては、社内や第三者委員会による調査の必要性の判断を含めて、全社レベル（もしくはグループ全体）の対応となってきます。

　このためには、情報の遅滞・隠蔽を回避し、必要な情報が適時適切に報告

される体制となっていることが大切です。自然災害の影響も含めて、大きな事件・事故が発生する場合に備えて、社内またはグループとしての緊急連絡網を整備している会社は多いですが、組織変更があったり、連絡網に記載されている者が人事異動で交代しているにもかかわらず、訂正していないという事例も見受けられますので、監査役として注意を払うことが大切です。

また、内部通報制度も報告体制上の有益なツールの1つですが、通報件数や通報内容の面から十分に活用されず、適切に運用されているとは言い難いと思われるケースもあります。リスク管理の視点から、監査役は、情報伝達の状況についても、監査項目の1つとして意識してよいと思われます。

第三に、使用人の法令・定款遵守体制（会施規100条1項4号）です。法令・定款遵守体制とは、具体的には使用人への教育が基本です。使用人への教育については、各社各様に、対象者・頻度・教育内容等を決定して実施しているものと考えられます。しかし、内部統制システムの観点からは、担当者クラスのみならず基幹管理職クラスまで含まれる対象者の実施状況、重要事項（法令改正事項や世間で問題となった事項等）に関しては、すべての役職員に漏れなく実施しているかなどについて、監査役監査の視点で確認してみることが大切です。

企業集団の内部統制システムの観点からは、自社のみならず子会社の教育体制についても、親会社としては注意を払うべきです（会施規100条1項5号ニ）。親会社の教育研修に子会社の役職員も参加したり、仮に子会社に任せるのであれば、人事部門等の研修担当部門が子会社の教育研修実施状況を把握しているか否かについて監査役は確認すべきです。

4 小括

リスクがまったく存在しない会社経営は考えられませんが、そのリスクを予知し、リスク発生の未然防止や発生後の適切な対応を体制として落としこむことこそ内部統制システムの真髄です。

会社の持続的な発展のためには、内部統制システムの整備は不可欠です。

この点において、内部統制システムの適切な構築・運用は企業間競争となっていることを再認識する必要があります。そして、内部統制システムが適切に整備されていれば、取締役の善管注意義務違反を回避することも可能です[9]。

コーポレートガバナンスの一翼を担う監査役は、執行部門が構築・運用する内部統制システムの整備状況を業務監査の重要項目と位置付け、必要に応じて問題点や課題を指摘し、改善が着実に行われているか確認することが期待されています。

---

9) 営業部門の従業員の架空売上計上によって粉飾が行われたことに起因して、代表取締役の対第三者責任が争点となった事案では、最高裁判所は不正行為を防止し得る程度の一定の管理体制は整備されているとして、第一審・第二審の判決を変更し、損害賠償を認容しなかった（日本システム技術事件（最判平成21年7月9日集民231号241頁））。もっとも、本事案が問題となった時期は、内部統制システムが法定化される前であり、今日においては、適切な内部統制システムが整備されていたと評価できるかは疑問もある。

第 **11** 章

子会社の不祥事と親会社監査役

1 はじめに

　近時、子会社における不祥事が散見されています。今日では、会社単体の経営から、事業部門の分社またはM&Aによる他社の子会社化などによる連結経営が主流となっているものの、不祥事の発生は、子会社のリスク管理体制の整備が十分でないことが原因と思われます。例えば、自社の事業部門に所属している限りは、内部監査部門をはじめ法務・財務等のコーポレート部門や監査役が直接的に監視・監督、監査することでリスク管理を行うことができます。しかし、分社して子会社化した後は、当該子会社は、自社でリスク管理を行うことが原則となります。親子会社関係といえども、法的には、法人格が別であるからです。

　法人格が別であるという点を法的観点から考えてみますと、親会社の役員（取締役・監査役・会計参与）が委任関係にあるのは、所属している親会社に対してであり（会330条）[1]、子会社には及びません。委任関係にある場合は、善管注意義務の法的責任が伴いますから（民644条）、要するに、親会社役員は、自社に対しては善管注意義務を負うものの、子会社に対しては直接的な善管注意義務はないことになります。言い換えれば、子会社の不祥事について、法的責任を負うのは、あくまで子会社の役員であることが基本です。したがって、子会社の役員は子会社において、一定のリスク管理を整備する必要があります。

　しかし、上場子会社等の一部の子会社を除けば、多くの場合は親会社と異

---

1) 会計監査人も、会計監査対象会社とは委任関係にある（会330条）。

109

なり、人的・金銭的な面から組織的なリスク管理体制に限界があることに加えて、親会社の監視・監督機能が十分に及ばないために、結果として子会社において不祥事が発生するという事例が散見されます。

そこで、本章では、子会社のリスク管理において、親会社監査役として留意しておくべき法と実務について解説します。

2 企業集団の概念と子会社のリスク管理

(1) 企業集団の概念

通常、グループ会社またはグループ経営という文言を使用することがよくありますが、会社法では「企業集団」という文言が使われ、「当該株式会社及びその子会社から成る企業集団の業務の適正を確保するために必要なものとして法務省令で定める体制の整備（傍点筆者）」と規定されています（会362条4項6号）[2]。「業務の適正を確保……」の箇所は、いわゆるリスク管理を意味する内部統制システムの整備を表すことから[3]、法は、企業集団としてのリスク管理を要請していることになります。

すると、次に問題となるのは、子会社の会社法上の定義となります。子会社の定義は、ある会社によって総株主の議決権の過半数が有されているか、40％以上50％以下であっても、ある会社によって法務省令（会社法施行規則）で定める内容で経営が支配されている会社となります（会2条3号）。経営が支配されているとは、役員の過半数が占有されていること、重要な財務や事業の方針を決定する契約が存在すること、資金調達の過半数を依存していることなどの実質支配力が存在していることです（会施規3条3項2号ロ〜ホ）。

したがって、実質支配力が存在していれば、株主総会での議決権の過半数

---

2) 監査等委員会設置会社では、会社法399条の13第1項1号ハ、指名委員会等設置会社では、会社法416条1項1号ホ。

3) 大和銀行株主代表訴訟事件において、大阪地裁は内部統制システムを「健全な会社経営を行うためには、会社が営む事業の規模、特性等に応じたリスク管理体制」と定義した（大阪地判平成12年9月20日判時1721号3頁）。その後、わが国で内部統制システムが重要視されるようになり、立法化につながった経緯がある。

による支配力がなくても、会社法上は子会社となり、企業集団として一定の
リスク管理が必要となります[4]。

（2）企業集団における内部統制システム整備の主体と内容

　企業集団の内部統制システムに関しては、平成 27（2015）年改正会社法施
行規則によって、実務的に留意すべき内容が定められました。

　第一は、親会社として整備することが明示的に示されました[5]。従前は、
企業集団の内部統制システムの整備は親会社の責任で行うものとの解釈が一
般的でしたが、現在は明文化されており、親会社は、子会社の業種・業容・
業態等を勘案しながら、実効的な体制整備を行う必要があります。

　第二は、企業集団の内部統制システムの整備すべき内容として、①子会社
の取締役・執行役・使用人（以下「取締役等」という）から親会社への報告体
制、②子会社の損失危険管理体制、③子会社の取締役等の職務執行の効率確
保体制、④子会社の取締役等の法令・定款遵守体制、が示されました（会施
規100条1項5号）[6]。この中で、①の子会社取締役等からの親会社への報告体
制が特に注意すべき内容です。

　子会社が、事件・事故の発生や発生のおそれを把握したときに親会社に遅
滞なく報告をしていれば、事件・事故が対外的に明らかになる前に、その未
然防止や損害の拡大を防ぐことができた事例は数多く見受けられます。ま
た、親会社への報告体制については、親会社自身にも子会社からの報告を受
け入れる体制整備が必要となります。子会社を含めた内部通報制度が直接的
な方法となりますが、通報を受ける親会社の窓口担当者の意識や報告を受け
たときの処理の仕方、通報者に対して不利益な扱いをしないことの周知徹底
等、内部通報制度が実効性のある制度設計となるためには、それ相当の工夫

---

4) 金融商品取引法で規定されている「財務報告に係る内部統制における有効性の評価」の対象は、連結子
　会社にとどまらず持分法適用会社となる関連会社も含まれる。企業会計審議会「財務報告に係る内部統
　制の評価及び監査に関する実施基準」（2007（平成19）年2月15日公表）33頁。
5) 会社法施行規則100条の柱書に「当該株式会社における」と明示されたが、「当該株式会社」とは条文
　では親会社のことである。
6) 監査等委員会設置会社では、会社法施行規則110条の4第2項5号、指名委員会等設置会社では、同規
　則112条第2項5号。

と意識が重要になってきます。

　さらに、平成 27 年改正会社法施行規則において、子会社から親会社への報告体制については、子会社の取締役等や監査役から親会社監査役への報告が内部統制システムの一環として新たに明定されました（会施規 100 条 3 項 4 号ロ）。子会社からの報告体制については、親会社の取締役等の執行部門に加えて、新たな報告先として親会社監査役が追加されたことになります。子会社を管掌している親会社の事業部門に報告しても、当該親会社事業部門自身が子会社に対して不正を指示していたり、不正を認識したりしている状況にあった場合には、子会社からの報告が活用されないおそれがあるからです。

　他方、法的に執行部門から独立している親会社監査役に報告されれば、監査役としてコーポレート担当取締役に報告し善処を求めたり、執行部門に第三者委員会の設置・調査を要請したりすることも可能です。このために、平成 27 年改正会社法施行規則の制定を契機に、子会社から親会社への内部通報制度の通報先に、親会社監査役を新たに加えた会社もあります。

3 企業集団の内部統制システムと親会社監査役

（1）親会社監査役と子会社との関係

　親会社監査役には、子会社取締役等に対する業務報告請求権や業務および財産調査権があります（会 381 条 3 項）。親会社の事業部門が子会社を利用した粉飾決算等の不正を行った場合には、親会社の事業部門を監査しても不正を直接発見することが困難であるため、子会社を調査等をすることで問題を明らかにする意義があります。

　もっとも、仮に親会社の一部事業部門による不正とは関係ないことが明らかであるなど正当な理由があるときには、子会社は親会社監査役からの報告や調査請求を拒否することができます（会 381 条 4 項）。親会社監査役による子会社業務報告請求権・業務および財産調査権は、あくまで親会社の取締役

の職務執行を監査する（会381条1項）という監査役としての職責を果たす一環であり、親会社監査役が子会社の不祥事を直接監査する役割が法的に求められているわけではありません。前述したように、子会社に対して善管注意義務があるのは、法的には、子会社の取締役や監査役自身であるからです。

（2）親会社の監査役の役割

　子会社の不祥事による子会社の直接的な損害の発生は、連結決算の観点から親会社にも影響を与えるだけでなく、親会社が保有している子会社株式の資産価値の減少や[7]、親会社ブランドの喪失にもつながります。また、事案によっては、親会社の監督責任が問われて、何らかの行政罰が発生する可能性もあります。

　企業集団の内部統制システムを整備するのは親会社取締役が率いる執行部門の役割ですから、親会社の監査役は、業務監査を通じて、取締役がその役割を適切に果たしているか否かについて確認し、必要に応じて指摘することが職責となります。

（3）親会社監査役の実務

　それでは、企業集団の内部統制システムに関する親会社監査役の実務は、どのようなものが考えられるでしょうか。監査実務を考える上では、会社法施行規則で明示されている前述した2（2）の①から④の内容に則って執行部門の整備状況を監査していくことになります。

① 親会社への報告体制（会施規100条1項5号イ）
　親会社への報告体制については、複数ルートが整備されていることを確認します。親子会社間の属人的な関係に依存せずに、何らかの問題が生じたときに、親会社に適宜・適切に報告が行われる体制に基づいていることが重要

7）　親会社が保有する子会社株式は、親会社の資産の一部であることから、親会社の取締役としては、子会社株式価値向上の観点からも子会社に対する監視・監督責任があるとの主張（舟津浩司『「グループ経営」の義務と責任』商事法務（2010年）155頁以下・230頁）については、今日では学界でも反対意見はほとんどみられない。

です。

　報告体制の基本としては、親子会社間において、年度計画の達成状況や収益見込み等に加えて、コンプライアンス関係についても報告項目として認識されていることを確認します。また、定期的な報告の場に限らず、突発的な事件・事故が発生した際に、子会社から親会社への緊急連絡体制が整備されているかについても確認する必要があります。さらに、企業集団としての内部通報制度が整備されている場合には、内部通報制度の親会社窓口部門の業務監査の際に、子会社から通報があった件数や内容についても監査の対象とすべきです。子会社からの通報件数が毎年少ない場合には、企業集団としての内部通報制度が子会社に浸透していない可能性もあるからです。

　子会社の取締役等から親会社監査役への報告体制については、企業集団の内部通報制度として親会社監査役への通報窓口が直接開設されていなくても、子会社監査役および監査対象部門への業務監査を通じて、結果的に親会社監査役に対して定期的に情報が入る仕組みになっていれば、法令に基づいた体制を整備しているといえます。また、子会社から内部通報制度を利用した情報が親会社のコーポレート部門や顧問弁護士に寄せられた場合にも、年度でまとめて報告が行われるということではなく、毎月または四半期に一度は監査役にその情報が伝達されるべきです。

② 子会社の損失危険管理体制（会施規100条1項5号ロ）

　子会社損失危険管理体制とは、子会社における損失リスクに対する予防としての平時と、リスクが発生した場合の有事の際に必要な体制整備が行われることです。この体制を構築するためには、親会社の子会社管掌部門は、子会社のリスクが何かを把握していなければなりません。特に、親会社の事業領域と異なる場合は、とりわけ子会社のリスクの内容について理解を深める必要があります。近時は、多角化のために、他の事業領域の子会社を傘下に持つケースが増加していることから、親会社として各々の子会社のリスクを的確に把握していなければ、リスク対応も十分にはできません。

　リスクについては、単にその内容のみならずリスクの大きさの程度の認識

が重要となります。例えば、食品を扱う会社にとって、食の安全に関わるような事件・事故は、会社経営の根幹に関わる不祥事に発展しかねません。子会社の中に、食品関連を扱う子会社があれば、親会社のリスクとは異なった視点での対応が必要となります。

　親会社監査役としては、執行部門が子会社のリスクを子会社と共有し、そのための注意喚起を定期的に行っていること、内部監査部門が必要に応じて子会社モニタリングを実施し、その監査結果が活用されていることの確認が業務監査を行う上でのポイントとなります。その際、企業集団の内部統制システムの観点から、子会社のリスクの程度に応じたリスク管理体制が整備されているか否かについても、注意を払う必要があります。

③ 子会社の取締役等の職務執行の効率確保体制（会施規100条1項5号ハ）

　子会社の取締役等の職務執行の効率確保体制とは、経営戦略の策定・経営資源の配分・経営管理体制が適切ではない結果、過度の非効率が生にああ、企業集団として著しい損害が生じるリスクを回避する体制のことです。

　親会社監査役の業務監査としては、親会社管理部門が、子会社との間に共通の経営戦略や経営資源の配分等の意見交換をする場を持ち、かつ定期的に検証した上で評価・改善する体制となっているか確認することになります。

④ 子会社の取締役等の法令・定款遵守体制（会施規100条1項5号ニ）

　子会社取締役等の法令・定款遵守体制とは、子会社役職員への教育・研修です。親会社としては、子会社役職員に対して、世の中で報道された事件・事故、法令違反を犯しやすい行為、法令の改正などを内容とする教育を定期的に実施することです。したがって、親会社監査役は、子会社の教育体制を企画・立案する人事教育研修担当部門の業務監査の際に、その企画内容のみならず実施状況についても確認することになります。

　教育・研修体制については、自社では実施しても子会社には任せきりにする傾向が強いように思われます。しかし、企業集団の内部統制システムでは、親会社として整備しなければならないと明定されていることから、仮に

子会社の自主性に任せたとしても、親会社としては、企業集団として共通に遵守すべき項目の教育内容を提示し、子会社がどの層を対象にどの程度の頻度で実施したかなどの結果報告を受けるべきです。

　親会社監査役は、執行部門への監査の視点として、親子会社別々ではなく親子会社の役職員との合同の研修会の実施、親会社作成の教材やマニュアルの子会社への積極的な配布、親会社のコンプライアンス専門職員を子会社に講師として派遣、親会社での社外講師による講演会に子会社役職員も参加等の実行状況の確認があります。

4 小括

　親会社監査役は、直接の監査対象である取締役以下業務執行部門の業務監査を通じて、子会社のリスク管理状況を把握することに努めることになります。従前は、親会社の執行部門が子会社を利用した不正やそのおそれが発覚したときに、子会社を監査することによりその実態を確かめる意味がありました。しかし、企業集団の内部統制システムが法定化された今日においては、親会社が整備した企業集団のリスク管理体制の整備状況にも注意を払う必要があります。その際、親会社自身の業務監査を活用することはもちろんのこと、内部監査部門をはじめ会計監査人や子会社監査役とも積極的に連携することが重要となってきます。

　今日、内部統制システムについては、単なる構築のみならず適切に運用されているか否かに焦点が移ってきています。企業集団の内部統制システムの整備について、親会社としての企業間競争が始まっていると認識すべきであり、そのために親会社監査役が果たす役割は大きいといえます[8]。

---

8) 監査懇話会が公表している監査役監査の視点からのチェックリストは、実務上も参考になる。監査懇話会「企業集団内部統制に関する監査役職務確認書」（2017年3月改訂）。https://kansakonwakai.com/（2022年4月30日時点）。

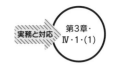
会計監査に対する監査役の任務懈怠責任

1 / はじめに

　監査役の間で、会計監査に対する監査役の任務懈怠責任が問われた最高裁判所の判断（令和3年7月19日判決、以下「本件最高裁判決」[1] という）が話題になりました。本件は、下級審で判断が分かれた点に注目が集まったことに加え、監査役に任務懈怠責任（会423条1項）が肯定されただけでなく、会計帳簿について、監査役はどこまで監査を行うべきか、実務的にも大きな影響を及ぼす事案と考えられたからです。

　監査役の監査には、業務監査と会計監査があります[2]。このうち、会計監査人設置会社であれば、会計の職業的専門家である会計監査人は、会社の計算書類およびその附属明細書、臨時計算書類ならびに連結計算書類を監査する権限があり（会396条1項前段）、このために、いつでも会計帳簿またはこれに関する資料を閲覧・謄写し、取締役や使用人に対して、会計関係の報告請求権限があります。会計監査人設置会社であったとしても、経理部門出身の監査役であれば、会計監査人とは別に会計帳簿や会計資料について、直接確認することを否定されるわけではありません。しかし、通常は、会計監査人設置会社の監査役は、会計監査人に会計帳簿の適正性を含めた個別の監査は任せて、会計監査人による監査の方法または結果が相当でないと認めたときに、その旨およびその理由を監査役（会）監査報告に記載することで足ります（会算規127条2号・128条2項2号）。

---

1) 裁判所時報 1772 号 1 頁。
2) 非公開会社の監査役であれば、定款に定めれば会計監査に限定することも可能である（会389条1項）。

　一方、会計監査人非設置会社の監査役は、自ら会計監査を実施した上で、計算関係書類が会社の財産および損益の状況をすべての重要な点において適正に表示しているかどうかについての意見を監査役(会)監査報告に記載しなければなりません（会算規122条1項2号・123条2項1号）。計算関係書類は、あくまでも会計処理の結果を表示したものですので、適正な表示か否かを判断するためには、会計帳簿とどう向き合うかが重要になります。

　会社法上の大会社（資本金5億円以上または負債総額200億円以上）は、会計監査人を設置しなければなりませんが（会328条1項・2項）[3]、グループ会社等では、会計監査人非設置会社も数多く見受けられますし、会計監査人非設置会社の監査役を兼務している大会社の監査役も一定数存在しております。

　そこで、本章では、会計帳簿や会計資料の監査について、本件最高裁判決を参考にして、監査役の任務懈怠責任の観点から実務的な留意点を考えてみます。

2 / 最高裁判決の概要と判旨

(1) 事案の概要

　本件は、非公開会社で一般製版印刷を業とする資本金9,600万円のX株式会社（原告・上告人、以下「X社」という）が、会計限定監査役Y（被告・被上告人、以下「Y監査役」という）に対して、経理業務を行っていた従業員（以下「本件従業員」という）の横領によって被った会社の損害の支払を求めた事案です[4]。

　X社の本件従業員は、2007（平成19）年2月から2016（平成28）年7月までの約9年半の間に、X社名義の当座預金口座（以下「本件口座」という）から自己名義の普通預金口座に合計126回にわたって総額2億3,523万円余を

---

3) 非大会社であっても、会計監査人を設置することは可能である。
4) X社は、Y監査役以外に横領した従業員にも損害賠償の支払を請求したが、事件発覚後、当該従業員は死亡したために、最終的には、Y監査役のみが被告となった。なお、本件では、取締役と監査役の連帯責任ではなく、監査役のみに損害賠償の支払請求を行っていることの妥当性も論点としてはあり得る。

送金することにより横領を行っていました。本件従業員は、自己名義の口座に振り替えた金額を会計帳簿に計上しなかったために、会計帳簿上の残高は実際の残高と差異が生じることになりました。そこで、本件従業員は、横領の事実を隠蔽するために、本件口座の残高証明書を都度、偽造するなどの行為に及んでいました。

Y監査役は、公認会計士および税理士の有資格者であり、1967（昭和42）年7月から2012（平成24）年9月までの間、X社の監査役に就任していました。この間、Y監査役は各期において、X社の計算書類および附属明細書の法定監査を実施していました。Y監査役は、各期の会計監査において、本件従業員から提出された残高証明書が偽造されたものであるとの疑いを持たないまま会計帳簿と照合した結果、計算書類等の表示と会計帳簿の内容が合致しているとしました[5]。

この結果、X社の財産および損益の状況をすべての重要な点において適正に表示している旨の意見を監査役監査報告に記載していました。なお、2007（平成19）年5月期の監査の際に、Y監査役に提供された本件口座の残高証明書は、本件従業員によりカラーコピーで偽造されていましたが、2008（平成20）年5月期以後の残高証明書は、白黒コピーで偽造された写しでした。

その後の2016（平成28）年7月、取引銀行からの指摘を受けて、本件従業員の横領が発覚しました。そこで、X社は、Y監査役に対して、本件口座の残高証明書の原本確認等を行わなかったという任務懈怠があったことから本件従業員による継続的な横領の発覚が遅れてX社が損害を被ったとして、総額1億1,100万円（控訴審は8,996万円余）の支払を求めました（会423条1項）。

これに対して、第一審の千葉地裁は、X社の請求のうち、5,763万円余を認容[6]したために、X社およびY監査役双方が判決を不服として東京高裁に控訴しました。東京高裁は、Y監査役の主張を認めX社の請求を棄却[7]した

---

5) 実際の実務は、Y監査役が代表を務める会計事務所の所員が補助者として行っていた。
6) 千葉地判平成31年2月21日金判1579号29頁。

119

ことから、X 社は最高裁に上告しました。

　最高裁は、審理の結果、X 社の請求を認めて原判決を破棄し、審理を東京
高裁に差し戻しました。

（2）本件最高裁判旨

　本件最高裁判旨の重要な箇所についてそのまま引用いたします（下線は、
筆者による）。

　「監査役設置会社（会計限定監査役を置く株式会社を含む。）において、監査役
は、計算書類等につき、これに表示された情報と表示すべき情報との合致の
程度を確かめるなどして監査を行い、会社の財産及び損益の状況を全ての重
要な点において適正に表示しているかどうかについての意見等を内容とする
監査報告を作成しなければならないとされている（会 436 条 1 項、会算規 121
条 2 項、122 条 1 項 2 号）。……（中略）。

　計算書類等が各事業年度に係る会計帳簿に基づき作成されるものであり
（会算規 59 条 3 項）、会計帳簿は取締役等の責任の下で正確に作成されるべき
ものであるとはいえ（会 432 条 1 項参照）、監査役は、会計帳簿の内容が正確
であることを当然の前提として計算書類等の監査を行ってよいものではな
い。監査役は、会計帳簿が信頼性を欠くものであることが明らかでなくと
も、計算書類等が会社の財産及び損益の状況を全ての重要な点において適正
に表示しているかどうかを確認するため、会計帳簿の作成状況等につき取締
役等に報告を求め、またはその基礎資料を確かめるなどすべき場合があると
いうべきである。そして、会計限定監査役にも、取締役等に対して会計に関
する報告を求め、会社の財産の状況等を調査する権限が与えられていること
（会 389 条 4 項・5 項）などに照らせば、以上のことは会計限定監査役について
も異なるものではない。

　そうすると、会計限定監査役は、計算書類等の監査を行うにあたり、会計
帳簿が信頼性を欠くものであることが明らかでない場合であっても、計算書

7）　東京高判令和元年 8 月 21 日金判 1579 号 18 頁。

類等に表示された情報が会計帳簿の内容に合致していることを確認しさえすれば、常にその任務を尽くしたといえるものではない。

……（中略）……。そして、Y監査役が任務を怠ったと認められるか否かについては、X社における本件口座に係る預金の重要性の程度、その管理状況等の諸事情に照らしてY監査役が適切な方法により監査を行ったといえるか否かにつき更に審理を尽くして判断する必要があり、また、任務を怠ったと認められる場合にはそのことと相当因果関係のある損害の有無等についても審理をする必要があるから、本件を原審に差し戻すこととする。」

3 本件最高裁判決から何を学ぶか

（1）原審の判断との差異

原審の東京高裁は、会計限定監査役は、会計帳簿の内容が計算書類等に正しく反映されているかどうかを確認することが主たる任務であるとして、計算書類等の監査において、会計帳簿が信頼性を欠くものであることが明らかであるなど特段の事情のない限り、計算書類等に表示された情報が会計帳簿の内容に合致していることを確認していれば、任務を怠ったとはいえないとしました。ここで、「特段の事情」の具体的な内容は示されていませんが、基本的には、計算書類等に表示された情報と会計帳簿の記載値を照合して合致していることを確認してさえいれば、会計帳簿そのものの適正性を確認することまでを監査役に要求するものではないとしています[8]。

一方で、最高裁は、会計帳簿の内容の信頼性の有無にかかわらず、単に計算書類等に表示された情報と合致していることを確認するだけでは、監査役としての任務を果たしたとはいえないとしている点が東京高裁の判断と異なっています。言い換えれば、最高裁は、会計帳簿の内容が正しいというこ

8) 東京高裁の判決については、研究者の間では否定的な意見が多い。弥永真生「判批」金融・商事判例1582号（2020年）2～6頁、受川環大「判批」新・判例解説Watch商法No.129（2020年）4頁、滿井美江「判批」金判1598号（2020年）2頁・5～6頁。

とを当然の前提とするのではなく、会計帳簿の虚偽記載の可能性も含めて、監査役として懐疑心を持って確認する必要があると判示しているといえます。

(2) 本件の射程と実務上の留意点

本件は、会計限定監査役の事例です。しかし、会計監査人非設置会社の監査役は、何らかの方法で、自ら会計監査を実施する必要がありますから、本件最高裁判決の射程は会計限定監査役に限るものではないことに注意が必要です。そこで、以下、会計監査人非設置会社の監査役が会計監査を行う上で留意すべき点について、本件最高裁判決を踏まえて考えてみます。

① 会計帳簿の信頼性の確認

会計帳簿は、計算書類等の正確な表示につながる基礎資料となります。したがって、会計帳簿そのものが不備であったり、不実の記載があったりした場合には必然的に計算書類等は不正確なものとなります。会計監査において、会計帳簿の数値が正確に計算書類等に反映されているか否かについて相互に照合することは当然ですが、現在は会計システムを利用し、会計帳簿の数字をインプットしたり、もしくは会計帳簿そのものをシステム化したりし、人の手を介在しないで計算書類等の作成に当たっている会社も多く存在しています。このような状況下では、正確な会計帳簿であることが前提となって、初めて計算書類等の信頼性が担保され、会社の財産および損益の状況をすべての重要な点において適正に表示していることになります。

しかし、本件最高裁が判示したところによれば、監査役は、会計帳簿の内容が正確であることを当然の前提として計算書類等の監査を行ってよいものではなく、会計帳簿の作成状況等につき取締役等に報告を求め、またはその基礎資料を確かめるなどすべき場合があるとしています。言い換えれば、本件最高裁判決から監査役として留意すべき点としては、①会計帳簿と計算書類等が主要な部分で合致していることを確認するだけでは妥当でないこと、②監査役自身が会計帳簿の信頼性の判断を行う心証形成を行うこと、となり

ます。心証形成の手段として、本件最高裁判決では、取締役等に報告を求めること、または会計帳簿の基礎資料を確かめることを例示しています。

　監査役の実務では、会計帳簿の一部が紛失していたり、記載漏れが散見されるなど明らかに信頼性を欠くものであれば当然のことながら、そこまでの状況でなかったとしても、会計帳簿に不実の記載となり得る余地があるか否かを確認する必要があることになります。具体的には、経理担当が一人（本件事案）や少人数のみで対応しており、担当者の数および事務処理能力の点から問題がある場合、長期配置のベテラン経理担当に長年実務を任せきりで定期的な人事ローテーションが行われていない場合、会計処理について、経理部門内でのチェック体制が機能していないなどの状況下であれば、会計不正が発生する可能性が高いといえます。したがって、監査役としては、このような会計不正発生の可能性の有無について、経理担当取締役・部長等から報告を受けたり、人事ローテーション等については、人事部門からもヒアリングするなど、会計帳簿の信頼性についての心証形成を具体的に行うことが大切です。

② チェックリストおよび第三者の活用

　財務・会計に知見のある監査役であれば、会計帳簿の基礎資料を直接確認したり、サンプリングチェックなどを通じて確認することが可能と思われます。他方、営業出身の監査役等、財務・会計の知見が必ずしも十分でないと自覚する場合には、会計監査のためのチェックリストを活用することが考えられます[9]。チェックリストに記載された項目に沿って、自ら確認することになります。チェックリストにおいて、原本で確認等をすべきとの指示がある場合には、提出された基礎資料がコピーでないか十分に確認する必要があります。

　また、すべてを監査役自身で直接行うのではなく、第三者の活用も考えら

---

9) 一例として、日本監査役協会が公表しているチェックリストがある。日本監査役協会「会計監査人非設置会社の監査役の会計監査マニュアル（改訂版）」月刊監査役 704 号臨時増刊号（2020 年）。また、参考書籍として、EY 新日本有限責任監査法人編『監査役監査の基本がわかる本（第 4 版）』同文舘出版（2021 年）80〜98 頁参照。

れます。会計監査人非設置会社の監査役が、公認会計士や税理士等の有資格者に対して任意の会計監査を依頼することも十分にあり得ます。その際、期末時期のみに限定するのか事業年度を通じて必要に応じて監査を委託するのか、もしくはアドバイザリー契約を締結して都度、指示を仰ぐ形態とするのか、自社の経理部門の体制状況や費用との関係で決定することになります。会社全体としても、会計不正が発生することは絶対に回避しなければなりませんし、公認会計士等に委託する報酬は、監査役からみれば監査費用に位置付けられますので、執行部門はその支払を法的には拒否できません（会388条）。公認会計士等に委託することは、監査役が自らの職責を放棄したことになるのではないかと懸念する向きもあるかもしれませんが、財務・会計に知見のある有識者を活用するという判断は、善管注意義務を果たすための一環であり、また公認会計士等による監査の方法や結果を監査役自身が説明を受けて、必要に応じて執行部門に是正を申し出ることなどを行えば、監査役としては十分に職責を果たしていると考えられます。

　なお、グループ会社の監査役であれば、親会社の経理部門や内部監査部門によるグループ会社へのヒアリングやモニタリングなどに同席したり、それらの結果報告を受けることも1つの手段としてあり得ます。

4 小括

　コーポレートガバナンス・コードでは、「監査役には、適切な経験・能力及び必要な財務・会計・法務に関する知識を有する者が選任されるべきであり」と記載されています（CGコード原則4-11）。財務・会計の知識は、会計監査について会計監査人設置会社であるか否かを問わず、監査役として計算書類およびその附属明細書の会計監査結果を監査報告にまとめなければならないこと、法務に関する知識は、取締役の法令・定款違反について同様に監査報告にまとめる職責がある以上、コーポレートガバナンス・コードの記載は肯定できます。

　しかし、今回紹介した事案の監査役は、公認会計士・税理士の有資格者で

あったにもかかわらず発生した事案であることを考えると、経理部門の実務体制や社内のチェック体制など、財務・会計の専門的知識とは別の内部統制システムの体制整備状況の確認も重要となります。特に、会計監査人非設置会社の監査役としては、計算書類と会計帳簿の内容の照合等の監査とあわせて、リスク管理の観点から会計帳簿の信頼性を判断することが肝要です。

　なお、内部統制システムの視点を重視すべきということは、財務・会計の領域に限らず、法定書類や重要な契約書等の監査を行う際にも、これら書類の信憑性を判断する上で同様に重要であることを監査役として留意しておくべきです。この点からも、この度紹介した最高裁判例は、会計監査人設置会社の監査役にとっても、参考にすべき事案であるといえます。

株主代表訴訟における監査役の役割

1 はじめに

　株主代表訴訟が提起され、会社役員[1]（株主代表訴訟の対象となる役員は取締役が多いことから、以下「取締役」という）に対して多額の損害賠償の支払義務が認容された判決の報道がされることがあります。株主代表訴訟とは、ある株主が全株主を代表する形で、会社に代わって取締役の責任追及を行う制度です。通常は、会社の不祥事が大きく報道され、その不祥事を知ることになった株主が、会社が被った（あるいは被ったであろう）損害に対して、不祥事に関係する取締役に対して損害賠償の支払いを求めて訴訟を提起します。

　もっとも、株主を代表するといっても、手続的に他の一般株主の同意を必要としているわけではありません。また、「会社に代わって」といっても、必ずしも会社の利益と合致するとは限りません。濫用的と思われる訴訟や一部の株主の思い込みによって訴訟が提起される場合もあります。

　監査役の権限は、取締役の職務執行を監査することです（会381条1項）。監査役は、将来の不祥事につながると思われるリスクに対しては、監査を通じて、取締役をはじめ各事業部門に対して適時・適切に監査意見を述べたり注意喚起をすることにより、不祥事防止の役割を果たします。監査役が取締役の不正行為もしくは法令・定款違反の事実やそのおそれがあると認めたときには、取締役(会)に報告する義務があります（会382条）。監査役がコーポレートガバナンスの一翼を担っているといわれる所以です。

---

1)　株主代表訴訟の対象者は、役員である取締役・監査役・会計参与（会329条1項）に加えて、執行役および会計監査人である（会423条1項）。

　株主代表訴訟制度においては、法的には、監査役が主体的に対応する必要があります。取締役による不祥事は、本来、監査役監査と直接的な関わりがあるからです。そこで、本章では、株主代表訴訟制度の規定と株主代表訴訟制度における監査役の役割を再確認した上で、監査役としての実務とその留意点について解説します。

2 株主代表訴訟制度

（1）取締役の対会社責任

　取締役は会社と委任関係にある（会330条）ことから、会社に対して善管注意義務を負うことになります（民644条）。したがって、取締役がその任務を怠ったときは、会社に対してこれによって生じた損害賠償の支払義務が生じます（会423条1項）。「任務を怠った」とは、個別の法令・定款違反にとどまらず、経営の失敗により会社に多大な損害を及ぼし、善管注意義務違反に問われる場合も含みます。

　もっとも、会社経営はリスクをとりつつ利益を上げる側面もあります。取締役には経営上の裁量があることから、判断の前提となる事実に不注意な誤りがなく、かつ判断の過程や内容に著しく不合理な点がなければ、経営判断原則が適用となり、善管注意義務違反とはならないとの考え方が判例・学説ともに確立しています。

　本来、会社に対して善管注意義務を果たすべき取締役が法令・定款違反を犯したり、独断的に業務執行を進めたことにより会社に損害を及ぼした場合には、会社は、当該取締役に任務懈怠があったとして、会社が被った損害額の支払いを直接請求したり、降格・配置転換、報酬・退職慰労金のカットや不支給等により一定の責任を果たさせることが原則となります。

　しかし、取締役間の仲間意識や上下関係による特別な感情から、会社として当該取締役の責任追及を適切に行わない可能性も否定できないため、株主が会社に代わって取締役の責任追及を行う必要が生じてきます。会社の損害

が放置されたままであると、配当や株価への影響が生じるからです。

（2）株主代表訴訟制度の制度設計

① 株主代表訴訟制度の特徴

　株主が株主代表訴訟制度を利用して訴訟を提起する権利は、株主による会社経営を監督・是正する目的である共益権に分類されます。共益権の中には、発行済株式総数の3％の議決権を所有している株主による会社役員の解任の訴え提起権（会854条1項）、会計帳簿の閲覧・謄写請求権（会433条1項）、役員の責任免除に対する異議権（会426条7項）があり、発行済株式総数の10％の議決権を所有している株主には、会社の解散請求権（会833条）等の少数株主権が規定されています。

　他方、株主代表訴訟は、一株または一単元株式（単元株式制度を採用している会社の場合）を所有していれば訴訟提起が可能な単独株主権です。すなわち、同じ共益権の中でも株主の訴訟提起のハードルが低いといえます。しかも、訴訟提起のための手数料は、一律13,000円と低額であり、株主の経済的負担が少なくなっています（民事訴訟費用等に関する法律4条2項、別表第1の1項）。通常の裁判では、対象となる訴訟金額に応じて訴訟のための手数料が増加することになっていますから、株主代表訴訟では取締役に高額の損害賠償請求の支払いを提起したとしても、株主の経済的負担は軽くて済むことになります。

　さらに、勝訴した株主は、弁護士報酬のみならず、調査費用等として支出した費用の相当額を会社に請求することが可能です（会852条1項）。

　また、公開会社の場合は、株式を6ヶ月継続保有していれば、訴訟提起が可能です[2]（会847条1項・2項）。このために、取締役の責任原因事実が発生した後に、後追い的に株式を取得して株主代表訴訟を提起することも可能です。このように、わが国の株主代表訴訟制度は、経済面も含めて、株主が訴訟提起を行いやすい制度設計となっています[3]。株主代表訴訟制度には不祥事の抑止効果も期待されていること、仮に株主が勝訴したとしても、原告株

2）　すべての株式が譲渡制限となっている譲渡制限会社の場合は、継続株式保有要件はない。

主には直接的な経済利益が帰属しないという特徴があるからです[4]。

② 株主代表訴訟の手続

　株主代表訴訟では、株主が裁判所に取締役の責任追及のための訴訟提起をする前に、会社に対して提訴請求が必要です。「会社に対して」とは監査役に対してです。なぜならば、会社法上、会社と取締役との間の訴えの提起の際には監査役が会社を代表し（会386条1項1号）、株主からの提訴請求の受領も監査役と規定されているからです（会386条2項1号）。すなわち、取締役の責任を追及しようと考えた株主は、監査役に対して取締役の責任を追及するように書面により提訴請求することが必要です。その上で、監査役は、株主からの提訴請求書面の受領日から60日以内に取締役の責任追及の訴えの提起をするか否かを調査し、取締役の責任追及をしないと判断したときに初めて、当該株主は裁判所に対して、取締役の責任追及の訴えを提起することができます（会847条1項・3項）。

　なお、会社に回復することができない損害が生ずるおそれがある場合には、例外的に株主は直ちに裁判所に対して責任追及の訴えを提起できます（会847条5項）。回復することができない損害が生ずるおそれがある場合には、一刻の猶予も許されず、早期に裁判所の判断が必要であると考えられるからです。

　仮に、監査役が調査した結果、提訴請求対象取締役に法的責任があり、会社の損害と違法行為との間に相当の因果関係が存在すると判断すれば、監査役が会社を代表して、当該取締役の責任追及の訴えの提起を裁判所に対して行います。審理が開始されれば、審理係属中に提訴取下げや和解が行われない限りは判決となります。審理開始後は、基本的に通常の民事裁判と同様で

3）例えば、米国では、株主が他の株主を適切に代表し、かつ株主代表訴訟提起時にすでに株主であること（連邦民事訴訟規則 23.1 条）、訴訟委員会の判断を裁判所が尊重するなどの濫用的訴訟提起を防止する制度設計となっている。

4）わが国の株主代表訴訟制度は、米国の制度を真似て 1950（昭和 25）年の商法改正時に導入されたが、株主にとって経済的メリットを享受できないために、実際には 4 年に 1 件程度の割合でしか活用がなかった。このために、1993（平成 5）年の商法改正において、提訴株主の経済上の負担を軽減することにした結果、1998（平成 10）年には、年間 200 件を超えるまで急増し、高額な損害賠償請求も散見されてきた。

図表 13-1　株主代表訴訟手続の流れ

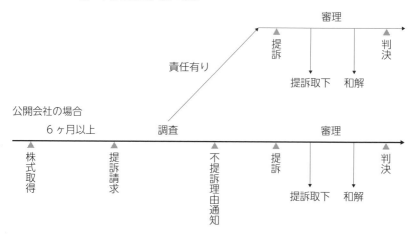

出所：高橋均『実務の視点から考える会社法（第2版）』（中央経済社 2020年）123頁。

す（**図表 13-1** 参照）。

3／株主代表訴訟における監査役の役割と実務

　株主からの提訴請求に対して、監査役は 60 日間で調査し、結論を出さなければなりません。法務部門や内部監査部門に調査を依頼したり、結論を求めることはできません。執行部門に資料の提出等を要請することはあっても、あくまで監査役の責任の下で対応する必要があります。監査役としての実務上のポイントは以下のとおりです。

（1）提訴請求の段階

① 提訴請求受領から調査に向けて

　取締役に対する提訴請求書面は、①監査役への書面または電磁的方法であること、②被告となるべき者が明示されていること、③請求の趣旨および請求を特定するのに必要な事実が記載されていること、が必要であり（会施規217条)[5)]、これらの確認が出発点となります。取締役に対する提訴請求書が

代表取締役宛てに通知された場合には、法的要件を満たしていないので放置しても問題ありません。

　しかし、いずれ株主から問い合わせがあるはずですから、調査のための時間を確保する目的がある案件以外は、当該株主に再度提訴請求書の提出を要請するか、もしくは代表取締役から当該請求書を転送してもらって調査を開始することが考えられます。

　なお、従前は提訴請求を行った株主が原告適格者であるか、監査役として確認する必要がありましたが、現在は「社債、株式等の振替に関する法律（振替法）」によって株主自身が株主権を行使できる旨を証明する必要があり（振替法 147 条 4 項・154 条）、保管振替機構を通じた個別株主通知の手続がとられることになります。その上で、株主は、個別株主通知の 4 週間以内に提訴請求書を監査役に提出します。

　提訴請求書を受領した監査役は、監査役間の情報の共有・調査体制や調査方針を決定します。その際、①請求株主の属性（一般株主か特殊株主か）、②提訴請求書に記載された事実（新たに判明した事実か既成事実か）、③調査体制（監査役による社内調査か第三者委員会の設置か）、④調査の方針（既存の資料等で充足可能かまたは詳細な調査が必要か）、について、検討した上で決定します。監査役の調査は 60 日間で実施しなければならないため、この日程と案件の難易度に留意して決めることになります。仮に第三者委員会を設置するとしても、委員のメンバーについて執行部門と意見交換を行った上で、最終的には監査役が主導して決めます。

② 具体的な調査の実施

　調査にあたっては、株主が提訴請求書面で記載している内容について、事実関係の確認を行います。具体的には、①会社の損害の発生事実の有無、②取締役の法令・定款違反行為の有無、③当該行為と損害との相当の因果関係

---

5) 提訴請求書には、請求原因事実が漏らさず記載されている必要はなく、いかなる事実・事項について責任追及が行われているか判断する程度に特定されれば足りるとした裁判例がある。日本航空電子工業事件（東京地判平成 8 年 6 月 20 日金判 1000 号 39 頁）。

の有無、となります。取締役の法令・定款違反行為とされる場合には、具体的な違法行為の確認も重要となります。例えば、個別・具体的な法令違反ではなく、投融資案件の失敗に対する善管注意義務違反であると株主が主張している場合には、経営判断原則の適用の有無も調査対象となってきます。

なお、第三者委員会が外部の専門家で構成される場合には、会社の顧問弁護士の起用は避けるべきと思われます。監査役は執行部門から法的に独立していますので、取締役を中心とした執行部門と密接な連携をとる顧問弁護士ではない第三者の弁護士を起用する方が、中立的な調査を行ったとの評価となります[6]。

（2）調査結果のまとめおよび訴訟提起の是非の判断

一連の調査を終えた段階で、調査の方法や結果を書面で作成します。第三者委員会が調査した場合には、委員会としての意見書を受領します。専門家から構成される第三者委員会であったとしても、最終的には、提訴請求対象取締役の提訴の有無については、監査役（会）が決定しなければなりません。意見書はあくまで最終決定のための参考という位置付けです。

取締役に法的責任があるとの結論に至れば、監査役が会社を代表して、訴訟代理人弁護士を起用して当該取締役を提訴する準備に取り掛かることになります。他方、提訴をしないと判断したならば、不提訴理由通知書の作成を行います[7]。法的には、当事者である株主または取締役から請求があった場合に、不提訴理由通知書を作成・送付することになっていますが、当事者はまず間違いなく請求をしてきますので、あらかじめ不提訴理由通知書の作成準備をしておきます。

不提訴理由通知書の記載内容は、①調査の内容（判断の基礎資料を含む）、②取締役の責任・義務の有無の判断およびその理由、③責任等があると判断

---

6) 調査については、監査役にとっても善管注意義務が問題となり得ることに注意が必要である。監査委員の調査状況に関して争われた裁判例として、「東芝労務費過大請求事件」（東京高判平成28年12月7日金判1510号47頁）がある。

7) 不提訴理由通知書制度は、平成17（2005）年会社法で規定された制度であり、監査役の役割を高めるとの評価がなされている。（江頭憲治郎「新会社法による不提訴理由書制度の導入」月刊監査役501号（2005年）3頁）。

したにもかかわらず、提訴しないときの理由、です。①の調査の内容としては、調査資料の標目でも足りるとされています[8]。また、事件・事故に対して、当該取締役の責任があるとして社内での懲戒処分を行っている場合には、その内容の概要を記載することになります。

例えば、報酬のカットや不支給により、会社の損害額相当分につき補てんする処罰を行っていれば、すでに会社の損害は回復されていることになりますから、株主にとっては提訴する法的根拠が無くなっていることになります。なお、不提訴理由通知書は、監査役の調査期間終了後、遅滞なく請求する当事者に通知することになっています。

不提訴理由通知書の記載の程度は、極めて政策的な判断を要します。不提訴理由通知書を受領した株主がその内容に納得すれば訴訟提起に至りませんが、不提訴理由通知書の内容に関わらず提訴に及ぶ事例が圧倒的に多いことから、詳細な不提訴理由通知書の記載は、その後の会社としての訴訟戦略上、大きな影響を及ぼすことになります。監査役が当該取締役を不提訴とする決定をした時点で、会社側と取締役との利害が一致していることになりますから、詳細な不提訴理由通知書の記載は、原告株主への新たな情報提供を意味し、その後の裁判の審理において、取締役ひいては会社にとって不利となる可能性もあります。

したがって、監査役は、不提訴に係る法的判断はもとより、記載の程度についても注意を払う必要があります。案件によっては、法律の専門家にみてもらうことも必要と思われます。

(3) 株主による提訴

監査役が不提訴理由通知書を発出した後は、法務部門が実務の中心となります。取締役の責任追及を行う株主は、会社に対してその旨の通知をしてきますので、会社からその他の株主に公告するとともに、会社が原告となって取締役に対する訴訟提起を行う案件以外は、裁判所の審理が開始された後、

---

8) 相澤哲編著『立案担当者による新会社法関係法務省令の解説』(別冊商事法務 300 号) 商事法務 (2006 年) 41〜42 頁。

会社が当該取締役に訴訟の補助参加をするのが一般的です。補助参加の際および訴訟上の和解をするときには、あらかじめ各監査役の同意が必要です（会849条3項・849条の2）。

4 小括

　監査役は、取締役の職務執行の監査が職責ですので、株主代表訴訟制度における60日間の調査は、監査役が提訴請求対象取締役に法令・定款違反が存在しなかったか再確認する意味があります。このためにも、株主代表訴訟の提起に至らないように、日常の監査業務を通じて、違法行為やそのおそれがあるときは、適宜・適切に指摘したり、取締役（会）に報告する職務の遂行が大切です。

　仮に、それ相当の事件・事故が発生した場合には、取締役の責任の有無について、あらかじめ整理・判断が行われていれば、その後株主からの提訴請求が行われたとしても、監査役はその結果をレビューすることで足りますので、特に慌てることはありません。不祥事が報道される前に、執行部門が社内調査や第三者委員会設置による調査を行うときには、監査役もメンバーとして参画するなど、積極的な関わりを持つことが重要となります。

ま と め

　監査役がその職務を遂行するにあたり、各事業部門に対する業務報告請求権等の法定上の権限を行使したり、取締役をはじめ内部監査部門や会計監査人等と意思疎通を図ることが基本となります。もっとも、監査役の員数は数名であることが通例ですし、監査役スタッフも会社法上の大会社であったとしても専属者がいなかったり、配属となっていたとしても少人数にとどまっているのが現状であることを考えると、監査役が監査を行うにあたり、すべてを自らが行うことは現実的に困難です。

　監査委員や監査等委員の場合は、内部監査部門に対し直接的に指示することを通じて、情報収集等についてある程度カバーすることも可能ですが、それでも、社内で不正行為や事件・事故等のおそれや、それらが実際に発生した場合、取締役に善管注意義務違反があったかどうかを判断するのは、監査役と同様に監査委員・監査等委員自身となります。

　このような状況にある中、監査役・監査委員・監査等委員にとって、社内のリスク管理体制、いわゆる内部統制システムの整備状況を活用することが、実効的かつ有益となります。

　内部統制システムは、もともとは、会社外部の会計監査人による会計監査の世界で生成発展した考え方です。会計監査人は、会計監査を行う対象会社の専属ではなく、日頃から当該会社に常勤しているわけではないことから、適切な会計処理を行うための体制整備と個別の会計帳簿等の監査を組み合わせて、会計処理や表記の適正性を判断していました。会計監査人のこのような手法を応用して、非常勤監査役のみの就任の場合に限定せずに、常勤監査役が就任している場合においても、監査役監査の実効性を確保するために、各事業部門における業務監査のヒアリングの際に、内部統制システムの構築と運用からなる整備状況の視点で確認する考え方が浸透してきました。

　具体的には、会社で定めた基本方針に基づいた内部統制システムが適切に運用されているか、不正行為や事件・事故が見受けられたときには、規程やマニュアルが未整備であったり、教育・研修体制が十分でなかったのか、あるいは規程類や教育・研修体制は存在していたものの、その運用が問題であったのかなどの監視・検証・確認です。会社全体の内部統制システムの整備は取締役の責務となりますが、その整備状況は、各事業部の内部統制システムの集合体ですので、一部の組織で内部統制システムに大きな不備があれば、その組織から重大な事件・事故等の企業不祥事につながります。また、連結経営が主流となっている今日において、グループ全体としての内部統制システムの整備も重要となります。いわゆる、企業集団の内部統制システムです（会362条4項6号）。

　企業集団の内部統制システムは、親会社が整備することが明示的に示されていますので（会施規100条1項柱書）、親会社としては、子会社や孫会社のリスク管理について意識を持って取り組む必要があります。例えば、教育・研修制度は、内部統制システムの内容として列挙されている法令・定款遵守体制（会施規100条1項4号・5号ニ）の具体的な施策ですが、子会社や孫会社では教育・研修制度を企画・立案する人材が十分でない場合があり得ます。このような場合、親会社がサポートする形で、グループとしての研修プログラムを作成し、実行させることが考えられます。

　内部統制システムの整備は、取締役会の専決事項ですので（会362条4項6号）、企業不祥事の原因が内部統制システムの重大な不備であることが明らかな場合には、取締役会を構成する取締役の連帯責任となります。このときに、会社が取締役の任務懈怠責任を追及しない場合には、株主は、株主としての共益権の1つとして、取締役に対して株主代表訴訟を提起することが可能です（会847条1項）。株主代表訴訟の提訴請求先は、監査役となりますので（会386条2項1号）、監査役は日頃から、内部統制システムの整備状況の視点からも、取締役の職務執行状況を監視していかなければなりません。

　なお、平成26（2014）年会社法改正で、親会社株主が完全子会社や孫会社の取締役に対して親会社が被った損害に対して、損害賠償の支払を請求で

きる多重代表訴訟制度が創設されました（会847条の3）。多重代表訴訟は、親会社の株主が発行済株式総数の1%以上の議決権を有する株式を保有する少数株主権の要件が前提であるなどその適用要件が厳しいため、実務上は、本制度が利用されることはほぼ無いと思われます。しかし、企業集団の内部統制システムの重要性の観点から、多重代表訴訟制度が創設された立法趣旨があることは大いに認識しておくべきです。言い換えると、完全子会社において、重大な不祥事が発生しても、当該子会社の取締役の任務懈怠責任を追及することができないとなると、少数株主権や完全子会社の規模要件を緩和すべきという立法上の改正議論が高まる可能性があります。

　監査役としては、グループガバナンスの視点から、企業集団の内部統制システムの構築・運用状況の相当性についても、監視しておく必要があります。

　また、2021（令和3）年において、最高裁が原審の東京高裁の判決を破棄し、経理職員の長年にわたる横領に対して会計限定監査役の任務懈怠を肯定し、審理を高裁に差し戻した事案がありました。本事案は、会計限定監査役に限定されるものではなく、会計監査人非設置会社の監査役にもそのまま該当する点に注意が必要です。

　会計の職業的専門家である会計監査人設置会社であれば、長年にわたる不正会計については、会計監査人が監査の過程で気がつくことが多いと思われます。他方で、自ら会計監査を実施しなければならない会計監査人非設置会社の監査役の場合には、会計限定監査役と同様に、自ら会計監査を実施しなければなりません。

　もっとも、本事案は、ベテラン経理担当者に長年、経理実務を任せているなど、リスク管理の観点からも内部統制システムの不備を指摘できる案件でした。監査役としては、内部統制システムの整備の点から、各事業部門における人材面での適切なローテーションの有無等の課題についても、適切な把握に務めることが業務監査上も重要であることを再認識することになります。

第 **V** 編

監査役における
個別論点

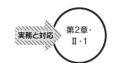

第 14 章

取締役の報酬決定と 善管注意義務 ～監査役の視点から考える～

1 はじめに

　取締役は、株主総会の決議によって株主から選任され（会329条1項）、会社と委任関係（会330条）の下で業務執行等の職務を行います（会348条1項・3項4号）。委任関係では、無償を原則とします（民648条1項）が、取締役は職務執行の対価として、報酬、賞与、退職慰労金等会社から財産上の利益（「報酬等」。会361条1項）を受けることが通例です（以下、まとめて「報酬」という）。

　取締役の報酬について、外国人経営者等一部の経営者に対して、高額な報酬を支払っているとの報道が散見され、また高額報酬に関連して、金融商品取引法（以下「金商法」という）違反の疑いがあるとして訴訟提起された「有価証券報告書虚偽記載事件」（日産自動車カルロス・ゴーン元会長事件）が大きな関心事となりました。取締役の報酬が職務執行の対価である限り、会社の利益に多大な貢献をした取締役に高額の報酬を支払うこと自体が問題視されることはありません。しかし、世間では高額な報酬そのものに限らず、報酬決定のプロセスの不透明さなど、対価に見合った報酬額が決定されているのか必ずしも明確ではないとの意識があります。取締役の職務執行の対価に見合う報酬額が決定されているか否かは、取締役の職務執行を監査する監査役の職務の立場（会381条1項）から考えると、注視すべき論点となります。

　そこで本章では、取締役の報酬問題について、近時の裁判例や法規定を紹介しながら、報酬決定の在り方について監査役の視点から検討することにします。

2／取締役の報酬と法

（1）取締役の報酬に関する現行法の規定

　会社法においては、取締役の報酬は、定款の定めがなければ株主総会の決議によると規定されています（会361条1項）。取締役の報酬について、会社法に特別の規制がないと、会社と取締役との間の任用契約によって、報酬額が不当につり上げられる危険が大きいからとの指摘があります[1]。

　会社法上は、金銭報酬については、額が確定している報酬はその額を定め（会361条1項1号）、額が確定していない場合は、その算定方法を定めるものとしています（会361条1項2号）。額が確定していない場合とは、例えば会社の経常利益の2%を報酬額とするといった業績連動や株価連動にする場合、ストックオプションにする場合などであり、それらを定めた上で株主総会において説明する義務があります（会361条4項）。金銭額が確定している報酬と比較して、株主が算定方法の合理性や必要性を判断しにくいことから、会社に説明義務を課しているのがその立法趣旨です。なお、金銭ではない報酬については、額に関する事項のみならず、その具体的内容も定めることになります（会361条1項3号）[2]。

　一方、金商法の開示府令（企業内容等の開示に関する内閣府令第2号様式記載上の注意（57））においては、取締役や監査役の役員区分ごとおよび社内役員と社外役員に分けた報酬の総額開示とともに、報酬総額が1億円以上の役員は報酬の個別開示が義務付けられています。

　取締役の報酬については、法令上は定款で定めることが原則となっていますが、企業実務では、定款で定めずに株主総会で決議する会社が圧倒的多数となっています。さらに、取締役個々の具体的金額を都度決めるとなると毎回株主総会での決議が必要となる上に、取締役の個人別の報酬額が明らかに

1）　田中亘『会社法（第3版）』東京大学出版会（2021年）259頁。
2）　指名委員会等設置会社では、取締役の個人別の報酬の内容は報酬委員会が決定する（会404条3項）。

なることから、それを回避するために、取締役全員の報酬総額を設定し、その報酬総額を株主総会で決議する実務が定着しています。

　一度報酬総額枠を決議しておけば、毎年の株主総会に議案として提出する必要はなく、また、報酬総額を決めておくことは、取締役の報酬が高額化する歯止めとしてお手盛り防止にもなり、株主に対して報酬の一定の目安を提示することにもなります。

(2) 取締役の報酬決定を巡る論点

　企業実務面では、一般的には会社が株主総会で報酬総額の上限を定めた上で、個々の取締役の具体的な報酬の決定は取締役会に一任、さらには取締役会において代表取締役にその決定を再一任する方法を一般的には採用しています。株主総会で上限額を定め、その範囲内において取締役会で決定することの可否については、取締役報酬のお手盛り防止の観点からは、総額枠方式も可能であるとするのが判例（大判昭和7年6月10日民集11巻1365頁、最判昭和60年3月26日判時1159号150頁）です。

　また、学説においても、金銭報酬は、株主総会において取締役全員の総額またはその最高限度額を定めれば足りるという考え方が通説となっています。さらに、一度、株主総会で報酬の上限額を決定すれば、上限額を超えない限り、再度株主総会の決議を要しないと解されています[3]。

　さらに、取締役報酬の具体的配分を代表取締役に再一任することについては、報酬決定が取締役会の専決事項ではないことから、判例では適法（最判昭和31年10月5日集民23号409頁、最判昭和58年2月22日判例時報1076号140頁）であるとされ、学説においても多数説となっています[4]。

　もっとも、代表取締役に取締役の報酬の再一任をすることは、取締役会の監督機能に影響を及ぼす可能性があることから、再一任は許されないとする少数説もあります[5]。

---

3) 大隅健一郎＝今井宏『会社法論中巻（第3版）』有斐閣（1992年）166頁。
4) 落合誠一編『会社法コンメンタール8　機関（2）』[田中亘]商事法務（2009年）167頁。

（3）報酬の決定と取締役の善管注意義務

　報酬の決定と取締役の善管注意義務に関しての論点のポイントとしては、仮に代表取締役が不当な報酬を決定した場合、代表取締役は会社に損害を及ぼすことになるから善管注意義務違反ではないかという点と、その場合、他の取締役は代表取締役に対する監視・監督義務の観点から善管注意義務違反とならないかという点です。

　従来の判例・通説では、報酬が株主総会で承認された上限を超えない限り、手続上の瑕疵はなく、具体的な報酬配分は代表取締役の裁量となるという考え方でした。これに対して、近時の有力説では、株主総会で決議された報酬総額の範囲内で個人別の額を一任する方式を採用した場合は、個々の取締役の職務と報酬とが釣り合っているかなど、総額の配分にあたっての業務執行の問題であること[6]から、不相当な報酬を決定した取締役については、善管注意義務違反・忠実義務違反を認め得る[7]と主張されています。

　このような中、直近の裁判例として、東証一部上場会社の株式会社ユーシンにおける取締役の報酬に係る株主代表訴訟事件（東京高判平成30年9月26日金判1556号59頁）があります。本件は、株主総会で報酬総額を従前の10億円から30億円に大幅に増加させた翌期に代表取締役が自らの報酬額を従前より5億7千万円強の増額を行い、会社が14億円500万円余を支払いました。これに対して、報酬上限額の増額をすることは、個々の報酬を急増させる意図ではないとの株主総会での説明に反すること、また同社の営業利益が赤字であるなどの理由から認めるべきではないとの趣旨で、株主が代表取締役および取締役らに対して、増額分を会社に返還するように訴訟提起をしたものです。

　原審の東京地方裁判所では請求棄却（東京地判平成30年4月12日金判1556号47頁）となったことから、原告株主が東京高等裁判所に控訴しました。こ

5）　上柳克郎＝鴻常夫＝竹内昭夫編集代表『新版注釈会社法（6）株式会社の機関（2）』[浜田道代] 有斐閣（1987年）391頁。
6）　龍田節＝前田雅弘『会社法大要（第3版）』有斐閣（2022年）92頁。
7）　前掲4）・165頁。

れに対して東京高裁の判断は、事実関係からみて、代表取締役は増額報酬を支給した場合のリスクや特別手当の妥当性等を十分に検討していること、判断過程やその内容に明らかな不合理な点があるとはいえないこと、また、代表取締役以外の取締役についても、代表取締役として負うべき善管注意義務違反がない以上、監視・監督義務違反と判断することができないとして控訴を棄却しました。

判旨のポイントは、①報酬の決定は極めて技術的・専門的であり会社の業績に影響を与える経営判断であること、②取締役には報酬の決定にあたって一定の裁量はあるものの会社に対して善管注意義務を負っていること、③したがって、経営判断に則って合理的な判断をしなければならないこと、という点です。

特に注目すべきと思われる点は、「取締役には報酬の決定にあたって一定の裁量はあるものの会社に対して善管注意義務を負っている」ことが明確に示されたことです。この点は、総報酬の上限の範囲内であれば、代表取締役には裁量があるとして、取締役の報酬決定の自由度を認めていた従前の裁判例から踏み込んだ判断が行われています。取締役の報酬については手続的な規制であるとの従前の考え方に対して、裁判所が内容面にまで焦点を当てた判断を行った点に意義があります。

上記の判旨に関して、取締役報酬の決定については、経営判断原則[8]の規範が適用となるか否かという論点があります。判旨の中に、「代表取締役は、本件報酬決定に至る判断過程やその判断内容に明らかに不合理な点がある場合を除き、本件報酬決定を行ったことについて善管注意義務違反により責任を負うことはない（傍点筆者）」とありますので、一見すると、裁判所が取締役の報酬の決定について経営判断原則の当てはめを行っているようにも思えます。

しかし、代表取締役が自らの報酬を決定することは利益相反の側面がある

---

8) 経営判断原則とは、取締役の経営上の判断において、判断の過程・内容に著しく不合理な点がなければ、個別の法令・定款違反でない限り、取締役が善管注意義務違反を問われることがないという考え方で、判例・学説上確立している（最高裁判所の判断としては、「アパマンショップHD株主代表訴訟事件」最判平成22年7月15日判時2091号90頁参照）。

ことから、裁判所は取締役の報酬決定に関していわゆる経営判断原則の適用を示したわけではないと考えます。

（4）報酬決定を巡る取締役会の法的責任の近時の考え方

　改めて整理しますと、代表取締役による報酬決定については、その決定に際して再一任された代表取締役に一定の裁量が認められる中で、その決定が不当であれば、会社に対する善管注意義務違反となります。また、取締役会の構成員としての取締役は、代表取締役が妥当な報酬決定を行っているか、代表取締役に再一任させることの是非も含めて監視・監督義務があるというのが近時の考え方となっています。

　例えば、代表取締役による決定に手続的にも内容的にも合理性が認められない中で、自らに高額報酬の支払いを決定した場合や、特定の取締役のみに恣意的に不相当な報酬額の配分を決定したことが明確な場合には、当該代表取締役のみならず、それを許容した他の取締役も監視・監督義務違反に問われる可能性があることになります。

　取締役の報酬の配分決定について、個々の取締役に適切な報酬を支払うことは、報酬が取締役の職務執行の対価である性格を考えると、会社の収益力の最大化にとって重要な要素となります[9]。一方、取締役の職務執行を適切に反映した報酬となっているか否かを厳密に評価することは、株主のみならず会社内にとっても困難なことも事実です。会社の業績不振や不祥事を個々の取締役の報酬水準にどう反映させるかといった点も含め、今後の企業実務において、ますます関心が高まってくるテーマであることは間違いないと思われます。

（5）取締役の報酬決定と監査役監査としての視点

　取締役の報酬に関して、その決定に至る過程や内容が合理的であるか否かが取締役の会社に対する善管注意義務に関係する以上、監査役としては、取

---

9) 職務執行の対価としての相当性は十分吟味されるべきとの意見として、稲葉威雄『会社法の解明』中央経済社（2010 年）431〜432 頁がある。

締役の職務執行を監査する立場からも注意を払う必要があることになります。具体的には、報酬の決定が一部の特定取締役の一存で恣意的に行われていることはないか、また報酬額そのものについても、特定の(代表)取締役に対してのみに不合理な報酬を支払うことになっていないか、あるいは無配や会社の収益状況の厳しさを考慮した報酬となっているか、不祥事の発生や行政罰等の事情によって、取締役としての報酬カットや自主返納等、経営責任のとり方の1つとしての考慮もなされているかといった点も重要な視点となります。

　また、インセンティブ報酬に対する監査役の視点としては、制度設計としての妥当性をみる必要があります。業績や株価連動方式、ストックオプション方式を採用する場合には、制度設計として取締役の職務執行における会社への貢献を適切に反映したものとなっているか、さらに、制度設計を検討する際にも、報酬制度が社内において適切な判断過程を踏まえてオープンな形で審議された結果としての制度となっているかを見極めるべきです。

　判断過程に関しては、例えば報酬(諮問)委員会で透明性のある審議が行われていることが重要となります。こうした取締役の報酬決定を巡る社内での審議に関しても、監査役としては適法性監査のみにとどまるとの狭い意識にとらわれる必要はなく、妥当性の観点からも積極的に意見を発信してよいと思います。

　取締役の報酬決定は、外国人経営者の報酬にも関係します。経営者の会社間異動がいまだ数少ないわが国においては、経営のプロに対しての報酬の基準が確立していないだけに、報酬の合理性を判断することは容易なことではありません。

　一方において、株主総会で決議された報酬総額の枠内で、経営トップが自らの報酬を合理的な理由もなく一任され、高額報酬の受取りを決定することは妥当ではありません。この点についての1つの解決策は、業績や株価連動方式のウェイトを高めたり、ストックオプションを付与するなど、代表取締役による恣意的な決定を排除していく制度設計とすることです。この方法によって、ある程度解決は図られるものと考えます。

(6) 令和元年改正会社法と取締役の報酬

2019（令和元）年12月4日に、「会社法の一部を改正する法律案」が国会で承認・可決されました（以下「改正会社法」という）。改正会社法の改正項目の中に、取締役の報酬があります。

まず、大会社である公開会社の監査役会設置会社で有価証券報告書提出義務会社および監査等委員会設置会社においては、取締役の個人別の報酬の内容を定款や株主総会決議で定めていない場合には、その決定方針を取締役会で決定することが義務付けられました（会361条7項）。報酬の決定方針は、例えば、取締役の個人別の報酬内容の方針（代表取締役に決定を一任するか否かなども含む）、報酬の種類ごとの比率に係る決定方針等です。

現行法では、指名委員会等設置会社の報酬委員会ではすでに義務付けられています（会409条1項）ので、その考え方が一定範囲の監査役会設置会社や監査等委員会設置会社に拡張されたことになります。加えて、不確定額報酬（会361条1項2号）や非金銭報酬（会361条1項3号）の議案内容にとどまらず、確定額報酬（会361条1項1号）についても、株主総会において、報酬議案を相当とする理由の説明が必要となります（会361条4項）。

さらには、会社株式や新株予約権を取締役の報酬とする場合は、定款に定めていない限り、株主総会の決議により一定事項（株式や新株予約権の数等。具体的には会社法施行規則で規定）を定めることが必要となります（会361条1項3号・4号・5号）。株主に対する開示強化という視点です。

また、上場会社の取締役・執行役への報酬として株式等を利用する場合に限り、株式の発行や新株予約権の行使に際して払込みを不要とする無償割当が可能となります。取締役等に対するインセンティブ報酬の制度です。ただし、無償割当としての募集株式や新株予約権を発行するときは、その旨や割当日を定める必要があります（会202条の2、236条3項）。

3 / 小括

　近時、取締役の報酬についてはその在り方について関心が高まっていることから、会社法に先立ってコーポレートガバナンス・コード（CGコード原則4-2、補充原則4-2①・4-10①）や金商法（平成31（2019）年内閣府令第2号）では、インセンティブ報酬や報酬決定の透明化、決定の在り方等が定められてきました。令和元（2019）年会社法は、その流れに沿った改正であり、基本法である会社法で規定されることは、企業実務上重く受け止める必要があります。

　取締役の報酬については、その決定の過程も含めて取締役の善管注意義務を構成することが裁判例や学説において定着しつつある中で、監査役としても監査の観点から従来以上に注視していく姿勢が大切となってきます[10]。

---

10) 会社が当初計画より大幅な業績の下方修正をしたり、経営上の失敗や財務諸表の虚偽記載等の不祥事により会社に大きな損失が発生した場合に、業績連動報酬によって支払った取締役の報酬を過去に遡って強制返還させる仕組み（クローバック〈claw back〉条項）も、報酬の在り方の1つとして検討の余地がある。クローバック条項について解説したものとして、武田智行「クローバック（取締役報酬の取戻し）についての米国における諸規律とわが国における導入に際しての試論」国際商事法務45巻2号（2017年）231〜237頁参照。

第 **15** 章

会社補償契約と
役員等賠償責任保険
～役員の法的責任の整理も含めて～

1 はじめに

　令和元（2019）年会社法改正により、新たに会社補償契約制度と役員等賠償責任保険（Directors and Officers Liability Insurance：D&O保険）制度が創設されました。会社補償契約制度は、概念としては存在していましたが、法制度としては新しい制度です。一方、D&O保険制度は、従前から上場会社を中心に広く普及していましたが、その法的位置付けや手続などを会社法改正で明確化しました。

　会社補償契約は、会社と役員等（取締役・監査役・執行役・会計参与・会計監査人。以下「役員」という）との間の契約、D&O保険は、保険会社と役員との保険契約ですので、両制度とも、片方の当事者は役員となります。監査役・監査(等)委員（以下「監査役」という）は、役員の一員ですから、自らが契約の当事者の立場から制度趣旨や内容を理解する必要があります。

　また、両制度とも、役員の損害賠償責任との関連で、損害額や関連費用を会社が支払うものであることから、会社と役員との間において、利益相反的な一面を持っています。監査役は、取締役の職務執行を監査する（会381条1項）ことから、取締役の損害賠償の支払義務との関係で、両制度の手続や具体的な事案において、その適用の是非を判断する局面があります。

　そこで、本章では、役員の損害賠償責任との関連で、両制度の趣旨と制度の内容、具体的な手続の解説とあわせて、監査役の視点から留意すべき実務について解説します。

149

2／役員の損害賠償責任と支払いの負担軽減

（1）役員の損害賠償責任

① 役員が負う責任の種類

　会社役員の責任を大きく分類すると、民事責任・刑事責任・行政罰があります。民事責任は、債務不履行の一般原則に則った損害賠償の支払いが典型的な責任です。刑事責任は、役員がその任務につき会社に財産上の損害を加える特別背任罪をはじめ、贈収賄罪等があり、罪状により懲役や罰金に処せられます。

　また、株主総会での説明義務違反や株主総会等の法定議事録に法令違反となる記載があれば、過料という金銭罰としての行政罰に科せられます。この中で、会社補償とD&O保険に関係するのは、民事の損害賠償責任ですので、役員における損害賠償責任について、確認してみたいと思います。

② 役員の損害賠償責任

　役員は、一定の要件に該当すると、会社または第三者（取引先・株主等）に対して、各々が被った損害に関して、賠償の支払義務が発生します。

　会社に対しては、会社が被った損害に関して、役員が職務につき任務懈怠があり、かつ会社の損害と任務懈怠に相当の因果関係があれば、支払義務が発生します（会423条1項）。会社と役員とは委任関係にありますので（会330条）、役員は会社に対して善管注意義務を果たさなければなりません（民644条）。したがって、「任務懈怠」とは、役員が会社に対して、役員としてしかるべき注意義務を果たさなかった場合、および個別の法令・定款違反を犯した場合が該当します。善管注意義務を果たさなかったために個別の法令違反を犯したともいえるかもしれませんが、プロジェクトの失敗等、個別の法令違反でなくても経営判断原則[1]に該当しなければ、責任を問われる可能性があることから、両者を分けて考えるのが一般的です。任務懈怠責任は、過失

図表 15−1　役員の損害賠償責任

	会社に対して	第三者に対して
損害の発生	会社	第三者（取引先・株主等）
要件	職務につき任務懈怠かつ会社の損害との因果関係有り	職務につき悪意または重過失かつ第三者の損害と相当の因果関係有り

出所：筆者作成。

責任ですので、役員が自らに過失はないとの主張・立証が認められれば、損害賠償責任を負うことはありません。

第三者に対する責任とは、役員がその職務を行うにつき、悪意または重過失によって第三者に損害を及ぼしたときに、損害賠償の支払義務が生じる責任のことです（会 429 条 1 項）。この場合、悪意とは違法行為であることを認知した上で行った行為、重過失は、文字通り過失の程度が重いことです。

取締役が第三者に対して法令違反によって損害を及ぼした際に、その取締役が法令違反を知らなかったと主張したとしても、役員である取締役として、重要な法令を知らなかったこと自体が重過失であるということになります（**図表 15−1** 参照）。

③ 役員の会社に対する任務懈怠責任の軽減措置

役員の損害賠償責任のうち、任務懈怠責任については、議決権を持たない株主も含めて総株主の同意がなければ、その全部を免除することができません（会 424 条）。総株主の同意要件ですので、1 人の株主でも反対があれば、役員の責任免除ができないことを意味します。したがって、大規模公開会社等では実質的には責任免除の実現は困難ということになります。

他方で、役員の訴訟戦略の失敗等の理由により、事後的に多大な損害賠償が肯定されると、経営の萎縮にもつながり、経営全体にとってマイナス影響

1)　経営判断においては、取締役に一定の裁量が認められることから、判断の前提に不注意な誤りがなく、判断に至る過程や内容に著しく不合理な点がなければ、個別の法令・定款違反でない限り善管注意義務違反とはならないという考え方であり、判例（「アパマンショップ HD 株主代表訴訟事件」最判平成 22 年 7 月 15 日判時 2091 号 90 頁）および学説で確立している。

ともなり得ます。そこで、議員立法によって成立した平成13年改正商法において、役員の責任一部免除規定が導入されました。

責任一部免除とは、役員の任務懈怠責任を原因としてその役員が支払わなければならないとされた金額に対して、一定金額を上限とした最低限度額を支払えばよいとする制度です[2]。すなわち、当初の金額から実際に支払う金額の差が一部免除されたことになり、任務懈怠責任が軽減されたことになります。

具体的な手続は、①株主総会決議（会425条1項）、②定款で定めていることを前提とした取締役会決議（会426条1項）[3]、③監査役、非業務執行取締役、会計監査人、会計参与に限った責任限定契約の締結（会427条1項）、の3通りの手続があります。監査役以外の責任一部免除の方法を採用する際は、いずれの場合もあらかじめ各監査役の同意が必要です（会425条3項・426条2項・427条3項）。

①と②は、役員の任務懈怠責任が認容された後の事後的な対応であるのに対して、③はあらかじめの備えとして会社と非業務執行取締役らとの間で締結します。責任軽減に該当すると思われる事象であっても、会社が責任軽減の議案を株主総会や取締役に提案しなければそもそも適用はされません。したがって、責任限定契約は、会社が議案を提案しないのではないかとの社外役員候補者の懸念をあらかじめ払拭し、人材を確保するための意味もあります。

また、①～③を適用する際の要件としては、役員がその職務を遂行するにあたり、善意かつ無重過失である場合です。「善意かつ無重過失」とは、例えば、法令違反を知らないで職務を行ったこと、かつ知らなかったこと自体の過失性が重大ではないことです。

もっとも、責任軽減制度が実務的に活用される例は極めて限られているの

---

2) 具体的には、報酬等（退職慰労金も含む）の6年分（代表取締役・代表執行役）・4年分（取締役・執行役）・2年分（社外取締役、監査役、会計監査人、会計参与）に新株予約権の行使によって得た利益を加えた額である。

3) ただし、総株主の議決権の3%以上の議決権を有する株主が反対したときは、責任免除はできない（会426条7項）。

が実情です。裁判所の判決によって確定した損害賠償額に対して、株主総会等により軽減することは、司法の判断を覆すことを意味しますので、それ相当の理由付けが必要だからです。実際に、責任軽減制度が法定化されて約20年間で、少なくとも上場会社では株主総会や取締役会の決議が行われた事例はないようです[4]。

　以上のように、役員の全部責任の免除はおろか、一部免除も実務的には活用されていない現状において、役員が予期しない事件に巻き込まれて、経済的な負担を被ることもあり得ます。そこで、訴訟が提起されたときの経済的負担を少しでも軽減し、制度的にも利用しやすいようにとの趣旨から法定化されたのが、会社補償契約制度とD&O保険制度となります。

（2）補償契約とD&O保険の規定

① 補償契約

　補償契約とは、役員がその職務の執行に関して発生した費用や第三者に生じた損害を賠償することにより生じる損失の全部または一部を会社が負担することを役員と約する契約です。従前は、補償契約制度が存在しなかったために、役員が法令違反を疑われて訴訟提起を受けた際に、会社が負担することができる費用や損害の範囲・手続については解釈に委ねられていました。そこで、実務的には都度、過失の有無等を判断した上で、その適用について検討する実態がありました。

　このために、補償契約の手続や範囲を明確にし、会社補償が適切に運用されるための規定を定めることによって、役員の人材確保や役員が萎縮することなく職務の執行を行うことができるインセンティブの側面が認められるとの趣旨で立法化されました。

　補償契約の範囲は、①役員が、その職務の執行に関し、法令の規定に違反したことが疑われ、または責任の追及に係る請求を受けたことに対処するた

---

4) 監査役が責任を問われた事例で、任務懈怠は認められるものの、重過失には当たらないとして、報酬に2年分の責任限定が適用になった裁判例がある（「セイクレスト事件」大阪高判平成27年5月21日判時2279号96頁）。この事例も裁判所が結果的に責任軽減の適用を行ったのであって、会社の意思決定ではない。

めに支出する費用、②役員がその職務の執行に関し、第三者に生じた損害を賠償する責任を負う場合における損失、です（会430条の2第1項）。

①は、いわゆる防御費用のことで、会社や第三者に対する責任追及を受けたときの弁護士費用や調査費用等が相当します。防御費用については、補償の要件はなく、結果的に取締役が敗訴した場合にも支払いが行われますが、通常要する費用の額を超える部分については、補償契約に関わらず、補償はされません（会430条の2第2項1号）。過大な費用支出は、会社ひいては株主にとって不利益となるからです。

②の損失は、第三者から役員に対する損害賠償請求が行われた場合の損害賠償金や和解金が相当します。損失には、罰金や課徴金、および役員が会社に対して支払う損害賠償金は含まれません。なぜならば、会社に対する損害を対象とすると、責任一部免除規定と同様の法的効果を生ずることとなり、ハードルが高い責任一部免除の手続規定が意味をなさなくなるからです。

また、防御費用の補償の場合と異なり、役員が職務を行うにつき、善意かつ無重過失の場合のみ補償の対象となります（会430条の2第2項3号）。この要件は、前述した責任一部免除規定と同様です。会社が第三者の損害を賠償した場合において、その役員に対して求償できる部分についても補償はされません（会430条の2第2項2号）。

なお、補償を受けた取締役が自己もしくは第三者の不正な利益を図る目的でその職務を執行したことを認識していたとき、①の防御費用の場合は、会社は補償した金額の相当額の返還請求が可能です（会430条の2第3項）。

補償契約内容については、株主総会（取締役会設置会社は取締役会）での決議とともに、取締役会設置会社の取締役は実施後の報告も必要となります（会430条の2第1項・4項）。これらの手続は、取締役が利益相反取引（会356条1項）を行う際の手続と同様です。補償契約（次に解説するD&O保険も同様）は、会社が金銭を支出し、一方で役員が経済的利益を得るという利益相反取引の性格を持ち合わせているからです。

もっとも、補償契約内容については、株主総会または取締役会の決議を必要とすることから、利益相反取引規制そのもの（会356条1項・423条3項・

図表 15-2　補償契約の用途別整理

	費用の支払	損失の支払
支払対象	訴訟全般に係る防御費用	第三者への損害賠償
支払要件	特に無し	善意かつ無重過失
支払範囲	通常要する費用の範囲内	制限無し
民事以外の支払	刑事・行政罰関連も含む	罰金・課徴金は対象外

出所：筆者作成。

428条1項）は適用されません（会430条の2第6項）。利益相反行為の手続とは別の規定として整理されています。

　新たに創設された補償契約は、会社と役員との契約であり、補償契約の具体的な内容は各社により異なります。その際、補償契約の範囲を制限的とするのか否かも含めて、各社が検討することになります。

　なお、公開会社の場合は、当該役員の氏名、補償契約の内容の概要、補償を実行したときなどの一定事項が事業報告の開示項目となります（**図表15-2**参照）。

② D&O保険

　D&O保険とは、会社が役員を被保険者として保険者と締結する保険のことです。従前より、D&O保険は上場会社を中心に広く普及していたものの、その適用範囲や手続、保険料について会社が負担することの可否等についての会社法の規定は存在していませんでした。特に、会社が保険料を負担することについては、会社と役員との間に利益相反の側面があることから、その是非については解釈が分かれていました。その後、保険料について、会社が支払うことができるとの1つの解釈が示されたこと[5]もあり、令和元年改正会社法においては、D&O保険の定義を定めた上で、その範囲や手続を明確にしました[6]。

5）経済産業省「コーポレート・ガバナンスの実践〜企業価値向上に向けたインセンティブと改革〜別紙3 法的論点に関する解釈指針」（2016年3月18日）。

　D&O保険については、「株式会社が保険者との間で締結する保険契約の
うち役員等がその職務の執行に関し責任を負うこと、または当該責任の追及
に係る請求を受けることによって生ずることのある損害を保険者が塡補する
ことを約するものであって、役員等を被保険者とするもの」と定義されまし
た（会430条の3第1項）。D&O保険の対象となるものは、法律上の損害賠償
責任を追及され、賠償請求されたときに支払う賠償金や和解等法律上支払う
べき賠償金・弁護士への着手金・報奨金・裁判所への手数料・調査費等の争
訟費用となります。他方、罰金や過料・生産物賠償責任保険（PL保険）・企
業総合賠償責任保険（CGL保険）・自動車賠償責任保険・海外旅行保険等は除
外されます[7]。

　D&O保険の内容を決定する際には、株主総会（取締役会設置会社では取締
役会）での決議が必要です（会430条の3第1項）。会社補償契約と同様に、利
益相反の側面があることから、あらかじめ会社機関の決議を行うものです。
したがって、補償契約内容との関係等も踏まえてD&O保険契約内容を見直
す場合には、株主総会または取締役会での決議を行った上で、令和元年改正
会社法の施行日である2021（令和3）年3月1日以降にその契約は有効とな
ります。

　もっとも、すでにD&O保険を保険会社と締結していて、結果的に今回の
改正内容からみてその内容を変更する必要がない場合には、経過措置によ
り、あらためて株主総会等の決議を行う必要はありません（会社法附則7条）。

　なお、取締役と執行役を被保険者とする保険契約については、会社補償契
約と同様、利益相反取引規制（会356条1項等）は適用されません（会430条
の3第2項）。さらに、公開会社の場合は、D&O保険契約の内容の概要や被
保険者等の一定事項が事業報告の開示項目となります。

6）　国税庁も、取締役会の承認等一定の手続を行った場合には、株主代表訴訟担保特約部分の保険料につい
　　ても、役員個人に対する給与課税は発生しないとの見解を示した。国税庁「新たな会社役員賠償責任保
　　険の保険料の税務上の取扱いについて（情報）」法人課税課情報第1号・個人課税課情報第2号（2016
　　年2月24日）。
7）　立案担当者の解説では、利益相反性が低かったり、役員の職務執行の適正性が損なわれるおそれが大き
　　くないという理由のほかに、販売されている保険の種類や数が膨大なために、実務上D&O保険契約内
　　容を決定する手続に多大な影響を与えるおそれから除外したとのことである。竹林俊憲ほか「令和元年
　　改正会社法の解説［Ⅳ］」旬刊商事法務2225号（2020年）10頁。

（3）監査役としての実務対応

① 契約当事者としての留意点

　監査役は役員であることから、補償契約・D&O 保険ともに直接の当事者となりますので、会社が考えている制度設計に関心を持つとともに、自社の制度内容の変更が執行部門で審議される場合には、関連部署から説明を受けたり、議論に加わることを推奨します。D&O 保険において、取締役と監査役との間で保険契約が異なることはないでしょうが、補償契約では、第三者に対する損害賠償の支払補償については、執行部門から、第三者に対する責任の事例が少ない監査役と取締役との間で補償契約の内容を変える提案があるかもしれません。

　しかし、あえて、監査役と取締役との間で契約内容を分けて締結する必要はないと考えます。監査役として大切なことは、会社法で認められることになった防御費用や第三者への損害賠償の支払いによる損失関連の補償の対象となる具体的項目を検討して、漏れのないようにしておくことです。

　D&O 保険と異なり補償契約は、保険料として会社の外部への支出があるわけではないので、職務を遂行する上で防御費用や損失への塡補として支出し得る項目を洗い出すことが大切です。その際、D&O 保険内容でカバーできる項目は補償の範囲から除外して構いません。

　なお、補償契約の防御費用については、会社から支払いを受けるタイミングも契約内容に織り込んでおくべきです。防御費用の中には、弁護士費用のように、それ相当の額の着手金を必要とする場合、自らが立て替えなくても、合理的な費用であれば会社が前払いできるようにしておくと利便性は高まることになります。

　D&O 保険の場合は、会社法での規定を踏まえて保険が支払われる対象や要件、保険金が支払われる上限額、保険料等の詳細が会社と保険会社との間の交渉で決められます。D&O 保険内容も取締役会の決議事項ですので、監査役としても、保険内容についてあらかじめ内容を理解した上で、何らかの意見があれば意見表明をしておき、取締役会で再確認する段取りとなりま

す。

　なお、D&O 保険契約制度も補償契約の場合と同様に、令和元（2019）年
改正会社法の施行日である 2021（令和 3）年 3 月 1 日の契約締結以降でなけ
れば有効ではありません。したがって、従前の内容から変更がある場合は勿
論のこと、変更がない場合でも、施行日以降に取締役会での決議を行ってお
くことに留意すべきです。

② 業務監査の視点からの監査役実務
　監査役としては、補償契約と D&O 保険が、株主総会または取締役会でそ
の内容が承認・決議される段取りとなっていることを確認します。その上
で、取締役会設置会社の場合は、補償契約により補償を受けた取締役は、補
償についての重要な事実を取締役会に遅滞なく報告する必要があります。こ
の事後報告は、補償契約にのみ適用があり、D&O 保険の場合には報告義務
はありません。したがって、補償契約に基づき具体的に適用があった場合に
は、事後報告という手続上の瑕疵がないか監査役として監視し、取締役が失
念している場合はその旨を指摘しなければなりません。

　次に、内容面での確認があります。D&O 保険の場合は、保険金による塡
補の範囲や金額は、あらかじめ締結された契約に基づいて支払われることに
なりますので、塡補される金額の多寡が恣意的に決定されることは基本的に
は考えられません。加えて、利益相反の観点からも、会社が支払う保険料と
保険金の支払いとの点において、保険料の金額の方が実際に支払われる保険
金の額に比べて、圧倒的に低額であるため、利益相反の程度は大きくないと
いえます。

　他方、補償契約の場合は、会社が取締役に補償として支出する金額は、そ
のまま取締役の経済的利益となりますので、利益相反の程度が強いといえま
す。したがって、会社補償契約に基づき、具体的な事案で支払うことになっ
たときには、防御費用であれば世間の常識からみて、過剰な支払いとなって
いないか、第三者への支払いであれば、善意かつ無重過失の要件に合致して
いるか、十分に監視・検証する必要があります。例えば、会社が最終的に支

払いを行ってくれるとの認識から、取締役が世間の常識から乖離した防御費用の支出をすることは、利益相反の観点のみならずモラルハザードの点からも厳に慎まなければならないことになります。

　監査役としては、補償契約を実際に適用する際の補償金額が大きい場合には、重要な業務執行の決定（会362条2項1号）に該当するとして、取締役会付議事項に付け加えることを執行部門に提案することが考えられます。仮に、法定どおりの取締役会での報告事項とするのならば、監査役は取締役に実際に適用される前に、適切な支払予定か事務局部門に確認することが大切です。

　なお、公開会社の場合、補償契約とD&O保険はともに一定事項が事業報告への記載対象となりますので、監査役は事業報告の期末監査の観点から適正な記載となっているか監査することになります。

3 小括

　会社補償契約とD&O保険は、役員の経済的負担を軽減したり塡補する点で、役員の職務遂行にあたってのインセンティブになり得る制度です。他方、役員の損害賠償責任という枠の中で理解すること、および利益相反の側面があることを意識して、監査役としてはその制度設計が適切に運用されているか監査の視点から注視することが重要です。

　両制度が適切に運用されることにより、役員が萎縮することなく職務の執行ができることになれば、令和（2019）元年会社法改正の立法趣旨にかなうことになります。

第 16 章

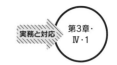

コロナ禍における
監査役の善管注意義務

1 はじめに

　新型コロナウイルス感染症の影響が続いています。

　緊急事態宣言解除後、感染拡大防止と経済社会活動との両立について、政策当局も自治体も模索しているように思われます。経済社会活動を再開すれば、自社の役職員や取引先等の感染リスクが高まります。他方、経済社会活動の自粛が継続すれば、企業収益の大幅な低下が避けられません。新型コロナウイルス感染症の推移をみながら、企業内においてどのように対峙していくか、その判断が問われることになります。

　このような状況下、監査役は、新型コロナウイルス感染症に関連してリスク管理の観点から、取締役ら執行部門とどのように向き合うべきか、監査役の善管注意義務の観点から考えてみたいと思います。

2 監査役の役割と善管注意義務

　監査役は、取締役と同様、法的に会社と委任関係にありますので（会330条）、会社に対して善良なる管理者である注意をもって監査役としての職務を行う義務（いわゆる「善管注意義務」）を負うことになります（民644条）。

　監査役は、取締役の職務の執行を監査する職務権限がありますから（会381条1項）、監査役としての善管注意義務とは、取締役の職務執行が適正に行われているか監査する職務を適切に遂行する義務を意味します。換言すれば、取締役が善管注意義務を果たしているか、各事業年度を通じて監査（監

160

視・検証・確認）を行い、その結果を期末の監査報告に集約して株主に通知することと（いわゆる適法性監査）、および重大な不祥事の発生または発生のおそれが生じた有事の際に、監査役としての法的権限を適切に行使して、取締役（会）に対して善処を求めたり自ら行動することです。

　具体的には、監査役自らが不祥事や不祥事のおそれを確認するための会社業務・財産状況調査権（会381条2項）、執行部門に善処を求めるために要請する取締役会招集請求権（会383条2項）または自ら招集する取締役会招集権（会383条3項）、会計関連で会計監査人に対する報告請求権（会397条2項）、取締役に対し法令・定款違反やそのおそれがある行為の差止請求権（会385条1項）等があります。

　そこで、監査役が具体的に善管注意義務違反を肯定され、会社に対して損害賠償の支払義務を負った2つの裁判例を通して、監査役の善管注意義務について確認します。

3 監査役の善管注意義務違反が肯定された裁判例

（1）大原町農業協同組合事件[1]

　本件は、大原町農業協同組合（以下「組合」という）の監事に監視義務の任務懈怠があり、監事としての善管注意義務違反が肯定された事例です。農業協同組合を規定している農業協同組合法は、会社法の多くの箇所を準用していることから、監事の職責は基本的には監査役と同様と考えられ、監査役の善管注意義務違反の有無を判断する上で、実務的にも参考になります。

　組合では、代表理事が補助金を利用して堆肥センターの建設事業を進めるにあたって、理事会で承認を得ました。ところが、代表理事は補助金の交付申請をしていないにもかかわらず、理事会に対して補助金の交付が受諾されたかのような虚偽の報告をするなどして、同組合の費用負担のもとで用地の購入や建設工事が進められました。その後、組合は経営破綻した結果、工事

1）　最判平成21年11月27日民集232号393頁。

に関わる契約に基づく清算費用の支払いによる損害が発生しました。

　組合においては、以前より、代表理事が理事会において一任を取り付けて業務執行を決定した案件に対して、監事は理事の業務執行の監査を逐一行わないという慣行が存在していました。このために、今回の堆肥センターの建設工事の案件についても、当時の監事は、業務監査を行いませんでした。そこで、契約解消に伴って発生した組合の損害に対して、監事としての善管注意義務違反があったとして監事に対して訴訟が提起されました。

　本事例に対して、最高裁判所は、工事建設に関わる資金調達方法の調査や確認をすることなく本事業が進められるのを放置した監事には、任務の懈怠があると判示しました。要するに、たとえ業務監査を行わないという慣行が存在していたとしても、業務監査をまったく行わないという行為は、監事の善管注意義務違反に該当すると結論付けたわけです。

（2）セイクレスト事件[2]

　本件は、不動産業を営むセイクレスト社の非常勤監査役が善管注意義務違反を肯定された事例です。セイクレスト社はJASDAQに上場していましたが、サブプライムローンの影響を受け大幅な赤字を余儀なくされたことから債務超過に陥り、上場廃止のおそれが生じてきました。このために、代表取締役は、新株予約権の行使に係る払込金を原資として他社に同額の貸付を実行（本貸付は、返済されていない）したり、独断で他社との業務提携契約の内入金の支払いを行いました。

　さらには、債務超過の解消による上場廃止回避を目的として、不動産評価額を通常の4倍超と評価・決定した土地の現物出資による募集株式の第三者割増資を計画・実行したり（後に、代表取締役は金融商品取引法違反（偽計取引）の被疑事実で逮捕・起訴）、資金繰り逼迫により約束手形を振り出すなどしました。その後、セイクレスト社は、経営に行き詰まり破産しました。このために、監査役に対し、破産管財人が申し立てた役員責任査定の額を巡って訴訟が提起されました。

2）　大阪高判平成27年5月21日金判1469号16頁。

　本件に対して、大阪高等裁判所は、監査役は内部統制システムの構築や代表取締役を解職するように会社に助言・勧告すべきであったが、これを怠ったとして監査役の善管注意義務違反を肯定し、損害賠償の支払いを認容しました[3]。

　本事例では、大阪高等裁判所は、セイクレスト社の内部統制システムの観点から監査役の監視義務[4]および取締役会における代表取締役の解職の意見陳述を怠ったことから、監査役の善管注意義務違反を肯定しました。なお、裁判の審理では原告が主張しなかったこともあり争点にはなりませんでしたが、期末の監査役会監査報告において、代表取締役には重大な法令・定款違反がある旨の記載（会施規130条1項・129条1項3号）の欠如や、取締役が会社破産につながるような金融商品取引法違反をしようとした場合に取締役行為の差止請求権の行使（会385条1項）を行わなかったことも、監査役の善管注意義務違反の有無を判断する上での重要な論点であったと思われます。

4 コロナ禍で監査役として果たすべき善管注意義務

　上記で紹介した裁判例は、大原町農業協同組合やセイクレスト社が最終的に破綻した局面において、監事や監査役の善管注意義務違反が肯定された事例でした。経営破綻により、多くの利害関係者に多大な影響を及ぼした事実から、裁判所が監事や監査役の任務懈怠責任を厳しく捉えて善管注意義務違反を肯定したとの見方もできるかもしれません。他方で、仮に経営破綻をしなくても、社会的な信頼を失墜するに値する大きな会社損害に対しては、取締役のみならず監査役の善管注意義務違反の有無も争点になることは十分に考えられます。

　新型コロナウイルス感染症の拡大局面では、世の中の経済社会活動の停滞

3）　もっとも、重過失までは認められないとして、監査役の責任限定契約を適用して報酬の2年分を責任査定の額とした。
4）　裁判所は、日本監査役協会が定めた「内部統制システムに係る監査の実施基準」を遵守しなかったことも監査役の任務懈怠の理由の1つとしてあげている。このあたりの事情については、判例評釈（高橋均「監査役の対会社責任と責任限定契約の適用」ジュリスト1469号（2014年）104～107頁）を参照。

により資金繰りに窮したり、取引先の破綻により連鎖倒産に巻き込まれるリスクもあり得ます。この点から考えると、両事例を参考にして、新型コロナウイルス感染症の脅威が収束していない現状（2022年6月末時点）においては、監査役としては善管注意義務を果たすことを具体的に検討する意義があります。

また、当面は経営破綻という事態にまで至らないと思われても、感染症拡大の収束が見通せない状況下では、適切なリスク管理を行う必要があります。そこで、監査役としては取締役の職務執行を監査する立場から、執行部門が適切に新型コロナウイルス感染症対策を実施しているかについて監査すること、および適切な対応をとるどころか取締役が善管注意義務違反を犯すおそれがあるときには、監査役としての法的権限を適正に行使することが求められます。

すなわち、監査役は、平時の場合以上に法令違反の防止や会社の損失拡大回避に向けて取締役が善管注意義務を果たしているか否かを監視しなければなりません。それでは、新型コロナウイルス感染症の収束が見通せない場合に、具体的に監査役として留意すべき点は何でしょうか。

（1）感染のリスク確認

第一は、感染によるリスクを確認した上で、自社における感染症対策について監視することです。すなわち、役職員が感染しないような具体的な行動指針や予防措置、および感染によるクラスター（感染者集団）が発生しないような社内対応について、取締役が社内において注意喚起や対策を周知徹底させ、具体的に運用していることの確認となります。

また、取引先会社の役職員が濃厚接触者としてPCR検査を受けることになり、それによって陽性者が出れば、取引先企業の事業活動の中断や稼働率低下による影響を受けることになります。例えば、外注先企業に保守点検を委託しているインフラ系の会社の場合、当該外注先企業の活動の自粛は、自社にとって安全面での重要なリスク問題となってきます。

感染症対策として自社において守る行動規範とは、出張も含めて従業員の

不要不急の外出自粛や事業の自粛要請に対応することなどです。法的強制力のある法令等を守らなければ法令違反となりますが、わが国においては、感染症対策に関連して、企業活動の停止や個人の行動を制限するための具体的な店舗名を公表するなどの緩やかな規制以外に、海外のような強力な罰則を伴う法規定は、現時点（2022年6月末）においては存在しませんので、法令違反として直ちに問題となることは考えられません。

もっとも、社会におけるルールがある場合、そのルールには一定の合理性があるはずですので、ルールを遵守せずに問題が起きれば少なくとも会社として道義的責任を負うことになります。また、ルールを守らないことにより、自社が大きな損失を伴う事態になったときには、取締役の善管注意義務違反の問題に発展する可能性もあります。

監査役の判断基準として大切なことは、ルールを遵守しないことによって社会からの信頼を失墜したり、会社に大きな損失を及ぼすことになるか否かということになります。

(2) 内部統制システムの視点からの事業活動関係

第二は、キャッシュ・フロー状況に基づく資金の確保の見通し、および企業活動再開にあたっての課題・問題点について、社内で情報を共有し会社全体として対応をとるリスク管理体制となっているかどうかの監視を行い、必要に応じて取締役らに助言や意見を率直に述べることです。

新型コロナウイルス感染症のような社会全体の危機は、会社の重大なリスクともなり得ることを考えると、会社としてのリスク管理という視点からは、内部統制システムの観点において理解することが大切と考えます。すなわち、取締役ら執行側が何らかの個別のリスク対応をとらずに収益第一で事業継続に固執しようとするならば、内部統制システムの内容の1つとして規定されている会社の損失危険管理体制として問題はないのか（会施規100条1項2号）、監査役としては取締役とあらかじめ十分に意見交換をすべきだと思います。

取締役には、内部統制システムを構築し、適切に運用する善管注意義務が

ありますから、取締役の善管注意義務の観点からも、監査役として事業再開や継続の可否については慎重に判断すべきことを取締役に促すべきと思われます。もちろん、執行側が事業再開等に対して、関連情報を事前に十分に収集した上でリスク管理を徹底し、その判断について社内の意思決定プロセスを踏まえた上で合理的であると判断したならば、経営判断原則の観点[5]から、事業再開や継続に対して善管注意義務違反はないとの評価になります。

なお、代表取締役社長による事業継続の意思決定は、社内外に対して多大な影響を及ぼすおそれがあり、慎重を期すべきであると多くの取締役や監査役が考えたとしても、ワンマンな代表取締役社長が事業の継続を強行しようとする局面がないとは限りません。その際に、監査役は有事の際の法的権限である取締役行為の差止請求（会385条1項）が認められるか否か検討する必要があります。

行為差止めの対象となる法令違反には、個別具体的な法令違反に限らず、善管注意義務違反や忠実義務違反も含まれるというのが通説となっています[6]。したがって、事業継続についての取締役の判断が善管注意義務違反を構成し、かつその行為により会社に著しい損害を及ぼすおそれがあることを主張・立証できれば、本店所在地を管轄する地方裁判所に監査役として差止請求申立ての仮処分の申請をすることが可能です。

もちろん、そのような事態にまで発展しないように監査役間や監査役と取締役との間で十分に意思疎通を行い、代表取締役に対して一致して対応の変更を説得する努力は必要です。

(3) 業務監査の方法

第三は、業務監査の方法です。新型コロナウイルス感染症が収束しない状況下では、現場への往査を制限せざるを得ない状態にあると思われます。特

---

5) 判断の前提に不注意な誤りがなく、判断の過程や内容に著しく不合理な点がなければ、取締役の行為の裁量の観点から取締役は善管注意義務違反とならないという判例（「アパマンショップHD株主代表訴訟事件」最判平成22年7月15日判時2091号90頁）・学説（近藤光男編『判例法理・経営判断原則』中央経済社（2012年）等）において確立した考え方である。
6) 上柳克郎＝鴻常夫＝竹内昭夫編集代表『新版注釈会社法（6）株式会社の機関（2）』[北沢正啓] 有斐閣（1987年）424頁。

に、移動を伴う出張について、会社の中には、原則禁止としているところもあります。このような場合、事業部門や製造現場によっては、一事業年度の業務監査が実施できない場面も想定されます。

しかし、大原町農業協同組合事件にみられるように、どのような理由であれ、業務監査をまったく実施しないことにより、当該部門での重大な事件や事故が発生した場合には、監査役としての善管注意義務違反が肯定される可能性が高まります[7]。したがって、当面はオンライン会議や資料ベース（チェックリスト等）の確認を優先し、新型コロナウイルス感染症がある程度収まった段階で、集中的に往査・立会を実施する対応を行うようにすべきです。重要なことは、事業年度を通じて、業務監査をまったく行わなかった事業部門が存在しないようにすることであり、何らかの監査を実施したとの監査調書等の証跡は残しておくことが望ましいと思われます。

5／小括

わが国においても、諸外国のように行政当局が法的強制力を伴う禁止措置を発令すれば、企業もそれに従って企業活動の可否を決めればよいので、監査役としては、取締役の職務執行を監査するのは容易であるといえます。しかし、現実にはそうではありませんので、海外では操業を強制停止された現地法人もある一方で、監査役は社内の取締役らに対して具体的にどのような監査意見を表明すべきか迷うことが多いと思われます。

会社の中には、SARS（重症急性呼吸器症候群）や新型インフルエンザの際に策定した感染症対応としての事業継続計画（BCP）が今回の新型コロナウイルス感染症のケースで大いに役に立ったという会社もあると聞いています。しかし、そのような場合であっても、すでに策定した事業継続計画が当初の想定どおりであったのか、または今後見直す必要もあるのかについて、会社としては検証する必要があると思います。

---

7) 現実的には、監査役が業務監査を実施しなかった任務懈怠と、会社の損害との間に因果関係が認められて初めて監査役の損害賠償責任が認容される（会423条1項）。

　役職員およびその家族を含めた健康確保と企業活動という相反した命題に対して、企業自身が自律的に対応する基準を策定し運用していくことは難しい課題です。しかし、各企業が、自社の業種・業態等を勘案した上で、個別・具体的に検討し策定していかなければならない重要な課題でもあります。

　世界全体に影響するような大きな事象が発生したときに、誰が・いつ・どのようなタイミングで初期対応について検討し、実行に移すのか、あらゆるリスクを想定しシミュレーションをしておくリスク管理が極めて重要となってきます。リスク管理の範囲が大きいだけに、社内外の英知を集めて、策定しなければなりません。

　会社の危機管理の体制づくりですから、取締役以下執行部門が検討することに対して、監査役としてもその検討過程において意見を述べるなど積極的な関わりを持つことが重要です。今回の新型コロナウイルス感染症のような大きなリスクに対しては、一朝一夕に会社としての万全な体制を整備することは難しいはずです。当面は、感染状況の収束の程度を注視しながら、企業活動を早期に開始したいという取締役ら執行部門の思いに一定の理解をしつつも、そのことによって、かえって後々に企業の利害関係者に多大な損失を与えることにならないか十分に検討した上での意思決定となっているか否かが評価のポイントになります。

　事業再開や継続の具体的な執行状況も含めた新型コロナウイルス感染症事象への対応について、監査役は、取締役以下執行部門に対して、リスク管理委員会・経営会議・取締役会等の重要な会議において、適法か否かの問題にとらわれることなく積極的に意見を表明する場合があるとの意識は常に持っておくべきと考えます。

まとめ

　本編では、取締役の報酬、補償契約・役員等賠償責任保険、コロナ禍における監査役の対応を取り上げました。この中で、前の2つのテーマは、いずれも令和元（2019）年会社法の改正項目です。

　取締役の報酬については、これまでにその在り方について様々な議論が行われてきました。基本的には、報酬決定の手続の適法性が中心論点となっていましたが、近時はインセンティブ報酬としての適切性が論点の中心となってきました。従前は年収としての役位別の固定金銭報酬に加えて、退職慰労金制度が併存していましたが、現在は業績変動報酬やストックオプションなどの自社株式を利用した報酬制度の積極的な導入が行われています。コーポレートガバナンス・コードでも、経営陣の報酬について、中長期的な会社の業績等を反映させたインセンティブ報酬の必要性を示していました。

　そこで、会社法上も、インセンティブ報酬の趣旨を踏まえて、業績連動報酬体系やストックオプションなどの報酬制度を正面から認めた上で、具体的な決定方針の説明を株主総会で行うことや、制度設計について、事業報告において開示を強化することになりました。

　また、会社法では、従前から論点として存在していた役員と会社の補償契約および役員等賠償責任保険について、補償の範囲や手続について規定しました。補償契約制度や役員等賠償責任保険制度は、役員と会社との間の利益相反の性格もあることから、競業取引や利益相反取引の規律（会365条1項）に準じた扱いとしています。

　補償契約や役員等賠償責任保険制度は、監査役として、その手続の適正性や内容の妥当性について監査役の立場から判断すると同時に、監査役自身が役員の範疇に該当することから、制度設計そのものにも関心を持って、執行部門の対応を注視していくことが大切です。

　コロナ禍における監査役の対応については、現在（2022（令和4）年6月時点）においてもその収束を見通すことができない状況にありますが、各社の具体的な新型コロナウイルス感染症対策とその運用という直接的な側面のほかに、業種・業界によっては、収益面やキャッシュフロー面で厳しい状況となっていると思われます。また、サプライチェーンの再構築が必要な場合もあります。これらの状況に対して、執行部門は現状を冷静に分析し、将来に向けて必要な対策を講じ、取締役善管注意義務の観点から、監査役は業務監査を通じて、早い段階から適切・的確な状況把握をすることが求められます。

　また、コロナ禍において、監査役自身が職務を遂行するにあたり、現場への実査・往査を制限せざるを得ない場合があると思います。その際、オンライン会議等を有効に活用し、監査の実効性を大きく低減させないような工夫も必要です。

　新型コロナウイルス感染症対策は、リスク管理の一環として捉えるべきです。したがって、新型コロナウイルスの問題を特例的な事象と捉えるのではなく、内部統制システムの観点から、監査役としては、執行部門の対応を監視・検証・確認し、必要に応じて、積極的に意見を述べたり、是正を要請することが大切です。このことが、将来、仮に自然災害や地政学的リスクが到来したとしても、会社として適切な対応が可能となり、会社の持続的な発展に支障をきたさないはずです。

第**VI**編

監査役の視点と将来の方向性

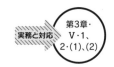

第 17 章

コーポレートガバナンス・コードと監査役（前編）

1 / はじめに

　コーポレートガバナンス・コード（以下「CGコード」という）は、2021（令和3）年6月11日に、2度目の改訂が公表されました。CGコードは、副題に「会社の持続的な成長と中長期的な企業価値の向上のために」と記されているように、本コードを適切に実践することにより、それぞれの会社が持続的な成長と中長期的な企業価値の向上のための自律的な対応を通じて、会社・投資家・ひいては経済全体の発展にも寄与することを狙いとして、金融庁と東京証券取引所が共同事務局となって施行されました。CGコードは、ソフト・ローに位置付けられ、法的拘束力はありませんが、最初の公表以降6年超を経過し、企業実務にすっかり定着した感があります。

　CGコードは上場会社を対象にしており、「プリンシプルベース・アプローチ（原則主義）」と「コンプライ・オア・エクスプレイン（Comply or Explain－原則を実施するか、実施しなければその理由を説明）」の手法を採用しているのが特徴です[1]。CGコードは、現在5の基本原則、31の原則、47の補充原則の合計83の原則（当初は73の原則が規定）から構成されています。この中で、JASDAQおよびマザーズの上場会社は、基本原則のみが適用となるのに対して[2]、市場一部と二部の会社は、すべての原則が適用になっていました[3]。

---

1) コンプライ・オア・エクスプレインの手法は、英国で利用されていた手法であったが、わが国では、平成26（2014）年改正会社法の審議過程で、社外取締役の選任に関して、就任させるか、さもなければおくことが相当でない理由を事業報告および株主総会参考書類の内容とした開示をする規定が1つの契機となりその手法が拡大した。
2) 2020（令和2）年11月1日以降に新規上場申請を行い、承認を受けたJASDAQスタンダードの上場会社は、すべての原則に対応しなければならないこととなっていた（有価証券上場規程436条の3）。

　そこで、本章ではCGコードが再改訂されたことを機会に、監査役として特に留意すべき原則を選んで、その記載を確認しながら、実務の観点からその着眼点や対応について解説いたします。

2 CGコードへの対応の考え方

　監査役は、CGコードの原則の各項目を直接の監査の対象としているわけではありません。しかし、CGコードで規定された内容について、会社はその実施状況や実施できない場合の理由付けを金商法に基づくコーポレートガバナンス報告書を通じて、定時株主総会開催日の前後に広く開示することから、その開示内容の適切性の評価のみならず、期中監査の段階から、執行部門の対応状況に留意しておくことが大切となります。

　監査役の着眼点としては、執行部門の対応状況の箇所と監査役としての監査の実効性に関係する箇所とを分けて考えると理解しやすいと思います（以下、各原則において下線を付した箇所が今回の改訂で追記または修正された箇所になります）。

3 CGコードに対する監査役の着眼点と対応

（1）株主の権利・平等性の確保

① 株主の利益を害する可能性のある資本政策

　M&Aや新たな設備投資等、会社運営において多額の資金の調達を必要とする局面があります。その際に、募集株式の発行（新株発行）による第三者割当増資や公募増資を行った場合には、既存株主の一株当たりの経済価値が低下するばかりでなく、持株比率の希釈化を伴います。したがって、経営者

3）2022（令和4）年4月4日からの市場区分の再編後は、プライム市場とスタンダード市場の上場会社は全原則（ただし、一部の原則についてはプライム市場の上場会社のみが適用となる）、グロース市場は、基本原則のみが適用となった（東京証券取引所「コーポレートガバナンス・コードの改訂に伴う実務対応」（2021年5月6日公表）3頁）。

の経営権・支配権の維持のために募集株式の発行を行うことになっていない
か否か、取締役会としてその必要性や合理性について十分に審議した上で承
認・決議すべきですし、監査役としては手続の適法性も含めて執行部門の対
応を監査することになります[4]。

【原則 1-6. 株主の利益を害する可能性のある資本政策】
　　支配権の変動や大規模な希釈化をもたらす資本政策（増資、MBO 等を
　含む）については、既存株主を不当に害することのないよう、取締役
　会・監査役は、株主に対する受託者責任を全うする観点から、その必要
　性・合理性をしっかりと検討し、適正な手続を確保するとともに、株主
　に十分な説明を行うべきである。

---

② 関連当事者間の取引

　関連当事者間の取引とは、ある当事者が別の当事者を支配していること、
または別の当事者の業務上の意思決定に重要な影響力を有している場合の当
事者間で行われる取引のことです。典型的な関連当事者間の取引には、親子
会社間の取引や会社を実質支配している近親者との取引があります。

　関連当事者間の取引においては、影響力を保持している会社や個人による
利益誘導の可能性が否定できないことから、監査役としては、関連当事者間
の取引によって、自社に不利益が及ぼされていないか、取締役の善管注意義
務の観点からも監査を行う必要があります。また、関連当事者間の取引が存
在する場合には、計算書類の1つである個別注記表の記載が必要となります
（会算規98条1項15号）ので、この観点からも監査しなければなりません。

【原則 1-7. 関連当事者間の取引】
　　上場会社がその役員や主要株主等との取引（関連当事者間の取引）を行

---

4) 経営者の経営権・支配権の維持を目的とした募集株式の発行によって、株主が不利益を受けるおそれが
　あるときは、株主から募集株式発行の差止請求の訴訟提起（会210条2号）を受ける可能性がある。

う場合には、そうした取引が会社や株主共同の利益を害することのない
よう、また、そうした懸念を惹起することのないよう、取締役会は、あ
らかじめ、取引の重要性やその性質に応じた適切な手続を定めてその枠
組みを開示するとともに、その手続を踏まえた監視（取引の承認を含む）
を行うべきである。

（2）株主以外のステークホルダーとの適切な協働

① 社会・環境問題への対応

　地球の温暖化対策等の環境問題をはじめ、社会全体として取り組むべき課
題が、近時大きなテーマとなっていることに対して、企業の社会的責任の観
点からも各企業が積極的に対応すべきであるとしており、今回のCGコード
改訂の柱の1つとなっています。

　「サステナビリティ」は、一般的には「持続可能性」と訳されます。要す
るに、企業が持続的に成長していくためには、環境問題等への取組みが不可
欠であり、収益第一主義によりこれらへの対応を疎かにすると、リスクにも
なるということです。一方で、適切な対応を行えば、投資家をはじめ、ス
テークホルダーから共感を得られ、収益機会にもつながると考えられます。

　社会・環境問題への具体的な対応は、各社の業種・業態・規模等により異
なるはずですが、中長期的な視点からのビジョンを示した上で施策として織
り込まれているか、監査役としても注視すべき項目です。社会・環境問題へ
の取締役の具体的な取組み状況は、その妥当性の問題となりますので、監査
役は適法性監査に限るとの視点を持つこと無く[5]、積極的に議論に加わるこ
とが大切です。

【原則2-3. 社会・環境問題をはじめとするサステナビリティを巡る課題】
　上場会社は、社会・環境問題をはじめとするサステナビリティを巡る
課題について、適切な対応を行うべきである。

5）監査役の適法性監査と妥当性監査の問題の経緯や論点については、第1編第3章参照。

補充原則

　2-3①　取締役会は、気候変動などの地球環境問題への配慮、人権の尊重、従業員の健康・労働環境への配慮や公正・適切な処遇、取引先との公正・適正な取引、自然災害等への危機管理など、サステナビリティを巡る課題への対応は、リスクの減少のみならず収益機会にもつながる重要な経営課題であると認識し、中長期的な企業価値の向上の観点から、これらの課題に積極的・能動的に取り組むよう検討を深めるべきである。

② 内部通報制度と監査役

　社内の違法行為や不適切な行為について、正規の情報伝達ルートは通常、部下から上司への報告であるべきところ、部下と上司間のコミュニケーション不足等から報告が適切に行われなかったり、上司が報告を受けても何ら対応を行わない場合が十分にあり得ます。このような事態が生じても、内部通報制度が適切に活用されれば、遅滞なく経営層に伝達されることになり、重大な違法行為等を未然に防止したり、その拡大を防ぐことが可能となります[6]。CGコードの原則の文面からは、内部通報制度の十分な活用と適切な運用、かつ通報された内容の事実関係の有無の確認に至る体制整備について、取締役会が監督すること（会362条2項2号）を要請していることが読み取れます。内部通報制度は、内部統制システムの構築・運用としても重要な手段ですので、内部通報制度を管掌するコーポレート部門の一部の取締役にその責務をすべて負わせるのではなく、取締役会全体として適切な整備が行われているか監視・監督する必要があります。

　補充原則2-5①では、内部通報制度が適切に運用されるために、通報窓口の独立性と情報提供者（通報者）が不利益を被らないような仕組みを求めています。通報窓口としては、社内のコーポレート部門・外部の弁護士事務

---

6) 内部通報制度については、例えば、中央総合法律事務所編『内部通報制度の理論と実務（第2版）』商事法務（2022年）が参考になる。

所・監査役[7)]がある中で、現状は通報者に通報先を選択させているケースが多くなっており、補充原則が例示としてあげている社外取締役と監査役による合議体を窓口とする体制の会社は少ないと思われます。もっとも、内部通報制度では、不祥事等が執行部門で遅滞・隠蔽されることを防止するために、内部通報件数や通報内容が監査役や社外取締役に対しても速やかに伝達されることが大切です。

　監査役としては、内部通報制度が単に存在するだけでなく、通報件数が極端に少ないことになっていないか、通報内容も誹謗中傷的な内容に終始していないかなどを含め、内部通報制度の運用の適切性についても常に意識して、コーポレートガバナンス報告書のとりまとめのための公表準備段階までに積極的に意見を述べることが大切です。

【原則2-5. 内部通報】

　上場会社は、その従業員等が、不利益を被る危険を懸念することなく、違法または不適切な行為・情報開示に関する情報や真摯な疑念を伝えることができるよう、また、伝えられた情報や疑念が客観的に検証され適切に活用されるよう、内部通報に係る適切な体制整備を行うべきである。取締役会は、こうした体制整備を実現する責務を負うとともに、その運用状況を監督すべきである。

　補充原則

　2-5①　上場会社は、内部通報に係る体制整備の一環として、経営陣から独立した窓口の設置（例えば、社外取締役と監査役による合議体を窓口とする等）を行うべきであり、また、情報提供者の秘匿と不利益取扱の禁止に関する規律を整備すべきである。

---

7)　監査役が直接通報窓口の1つとなっている会社数は、日本監査役協会の2021年度のアンケート結果では、36.8%（1,206社）であり、過半数に達していないようである。日本監査役協会「役員等の構成の変化などに関する第22回インターネット・アンケート集計結果」月刊監査役736号別冊付録（2022年）90頁。

（3）適切な情報開示と透明性の確保

① 情報開示の充実

　ステークホルダーからの開示要請は、近年ますます高まっています。ステークホルダーにとって、利害関係がある会社の状況を適時・適切に知り得る状況にあることは、その会社への評価とともに、その後の行動にも影響を及ぼすことになるからです。

　2回目の改訂となった今回の CG コードでは、人的資本や知的財産への投資という短期的な収益には直結しない投資にもスポットを当てて、会社の中長期的な視点に立脚した持続的な発展の重要性を示しています。特に、プライム市場上場会社においては、地球の温暖化等を要因とする気候変動に伴うリスクを認識して、データ収集を含めた対応を積極的に推進し、その状況を開示するべきであるとしています。

　監査役としては、前述した社会・環境問題をはじめとするサステナビリティを巡る課題（原則 2-3）に対して、取締役会として基本方針を定め、その実行に向けた具体的な中長期計画を定めることを確認した上で、その情報を自社のウェブサイトや統合報告書等でわかりやすく開示しているか否かについて、必要に応じて意見を述べるべきです。社会・環境問題は、いわゆる「攻めのガバナンス」の観点からも重要であり、コーポレートガバナンスの一翼を担う監査役としては、このテーマについても妥当性の問題であるとして意見具申を躊躇する必要はないと考えます。

> 【原則 3-1. 情報開示の充実】
> 　上場会社は、法令に基づく開示を適切に行うことに加え、会社の意思決定の透明性・公正性を確保し、実効的なコーポレートガバナンスを実現するとの観点から、（本コードの各原則において開示を求めている事項のほか、）以下の事項について開示し、主体的な情報発信を行うべきである。（以下、略）

補充原則

3-1③　上場会社は、経営戦略の開示に当たって、自社のサステナビリティについての取組みを適切に開示すべきである。また、人的資本や知的財産への投資等についても、自社の経営戦略・経営課題との整合性を意識しつつ分かりやすく具体的に情報を開示・提供すべきである。

特に、プライム市場上場会社は、気候変動に係るリスク及び収益機会が自社の事業活動や収益等に与える影響について、必要なデータの収集と分析を行い、国際的に確立された開示の枠組みである TCFD[8]またはそれと同等の枠組みに基づく開示の質と量の充実を進めるべきである。

② 外部会計監査人[9]

会計の職業的専門家である会計監査人は、会社の計算書類およびその附属明細書、臨時計算書類ならびに連結計算書類を監査する権限があり、事業年度の会計監査の結果として会計監査報告書の作成義務があります（会396条1項）。監査役の監査には、会計監査人監査の相当性の判断も含まれていますから、監査役にとって会計監査人との連携は必須といえます。加えて、2021年3月期から上場会社に全面適用となった「監査上の主要な検討事項」（KAM）の記載においては、（会計）監査人と監査役との協議が必要とされています[10]（企業会計審議会、改訂監査基準 第四報告基準二 2（2））。

会社法上は、監査役に会計監査人の選解任議案・不再任議案の内容に関する決定権があること（会340条3項・4項）に限らず、監査役が会計監査人の監査の方法と結果の相当性を判断し監査役（会）監査報告に反映しなければならないこと（会算規127条2号・128条2項2号）から、補充原則3-2①では、

---

8) TCFD とは、Task Force on Climate-related Financial Disclosures（「気候関連財務情報開示タスクフォース」）の略称である。
9) 会計監査人は会社内部者では就任できないことから、「外部」の文言がなくても意味に変わりはない。
10) 監査役と会計監査人との連携実務については、第Ⅲ編第9章参照。

会計監査人への独立性・専門性も含めた適切な評価について記載しています。具体的な監査役の実務としては、会計監査人の過年度の監査の内容およびその結果、世間で話題となった会計不祥事事例を意識した重点監査の実施状況、法令や会計基準の変更の反映状況、現場の実地監査を含めた会計監査の実施の適切性、監査役との意思疎通状況等を反映した評価表を作成し確認することが考えられます[11]。

他方で、補充原則3-2②では、会計監査人の監査環境の整備についての対応を記載しています。具体的な整備は、取締役以下執行部門が計画し、取締役会として確認・決定し実践することになります。会計監査人が会計監査を行う際に直接窓口として対応するのは、財務・経理部門となります。この際、会計監査人と財務・経理部門の窓口担当との事務処理的な対応に留まらず、経営陣との対話・意見交換の実施、内部監査部門も含めた三様監査連絡会等の実施に向けて、監査役として主体的に関わることが大切です。特に、最高財務責任者（CFO）以外の取締役と会計監査人との対話・意見交換については、監査役が積極的にその仲介の労をとる意義があると考えます。その上で、常勤監査役は取締役と会計監査人との意見交換会に同席するか、少なくともその場で交わされた意見交換の報告を会計監査人から受けることが望ましいと思います。

また、補充原則3-2②の（ⅲ）では、会計監査人が直接、監査役会に出席することも明示的に示されています。監査役会設置会社では、監査役の半数以上の社外監査役を就任させなければならない（会335条3項）ですが、社外監査役の中に公認会計士の資格取得者等の財務・会計の知見者がいれば、監査役会において、より充実した意見交換が期待できます。

【原則3-2. 外部会計監査人】
　外部会計監査人及び上場会社は、外部会計監査人が株主・投資家に対

11）日本監査役協会が例示している評価項目を参考にして、自社に相応しい基準を取捨選択して活用する方法もある。日本監査役協会会計委員会「会計監査人の評価及び選定基準策定に関する監査役等の実務指針」（2017年10月13日改正版公表）。

して責務を負っていることを認識し、適正な監査の確保に向けて適切な対応を行うべきである。

補充原則

3-2① 監査役会は、少なくとも下記の対応を行うべきである。

（i）外部会計監査人候補を適切に選定し外部会計監査人を適切に評価するための基準の策定

（ii）外部会計監査人に求められる独立性と専門性を有しているか否かについての確認

3-2② 取締役会及び監査役会は、少なくとも下記の対応を行うべきである。

（i）高品質な監査を可能とする十分な監査時間の確保

（ii）外部会計監査人から CEO・CFO 等の経営陣幹部へのアクセス（面談等）の確保

（iii）外部会計監査人と監査役（監査役会への出席を含む）、内部監査部門や社外取締役との十分な連携の確保

（iv）外部会計監査人が不正を発見し適切な対応を求めた場合や、不備・問題点を指摘した場合の会社側の対応体制の確立

4／小括

本章では、前編として、CG コードの中で、株主の権利・平等性の確保、株主以外のステークホルダーとの適切な協働、適正な情報開示と透明性の確保の項目において、監査役（会）として特に意識すべき点を取り上げ、着眼点や留意点を解説いたしました。次章では、取締役会や監査役自身の責務、株主との対話の項目について解説いたします。

第 **18** 章

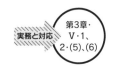

コーポレートガバナンス・コードと監査役（後編）

1 はじめに

　コーポレートガバナンス・コード（以下「CGコード」という）は、上場会社に対して「プリンシプルベース・アプローチ（原則主義）」と「コンプライ・オア・エクスプレイン（Comply or Explain－原則を実施するか、実施しなければその理由を説明）」の手法を採用しているソフト・ローです。したがって、法的強制力はないものの、上場会社としては、コーポレートガバナンス報告書を通じて多くの項目を開示する必要があり、実務的な対応を行うことになります。

　前章では、CGコードの章立てである「株主の権利・平等性の確保」（第1章）、「株主以外のステークホルダーとの適切な協働」（第2章）、「適切な情報開示と透明性の確保」（第3章）の中で監査役として特に留意すべき原則を選んで、その着眼点や対応について解説いたしました。本章では残りの「取締役会等の責務」（第4章）と「株主との対話」（第5章）について、2021（令和3）年6月の改訂箇所（以下、各原則の下線箇所が追記または修正箇所）を踏まえて後編として引き続き解説をいたします。

2 CGコードに対する監査役の着眼点と対応

（1）取締役等の責務

① 取締役会の役割・責務

　取締役会の重要な機能に、業務執行の意思決定と取締役の職務執行の監督

があります（会362条2項1号・2号）。CGコードにおいては、これらの取締役会機能において、「独立した客観的な立場」と明言しているのは、社外役員の役割の重要性を念頭においているからです。令和元年改正会社法で大会社である公開会社の監査役設置会社である有価証券報告書提出会社においては、社外取締役の選任が義務化されました（会327条の2）。しかしながら、すでに上場会社の実務では、複数の社外取締役の選任が標準となっており、社外監査役の存在と相まって、取締役会においては、経営会議等で社内取締役が意思決定をした議題・議案について、社外の立場から意見陳述を行ったり、必要に応じて是正措置を求めることが大きな役割となっています。

　CGコードでは取締役会が意思決定機能と監督機能の役割を果たすために、役員報酬や人事の適切性を強調しています。人事や報酬は、役員本人にとっても大きな関心事となりますが、他方で会社との利益相反的な面もあります。そこで、役員人事については、公正かつ透明性の高い手続が必要であるとしています（補充原則4-3①）。とりわけ、最高経営責任者（CEO）の選解任については、会社における最も重要な戦略的意思決定と捉えて、候補者選定に至るまでの十分な検討時間と社外役員の関与等が必要であるとしています（補充原則4-3②）。企業実務においては、代表取締役社長がCEOを兼務していることが比較的多いことを考えますと、取締役会で代表取締役選定の議題・議案が上程される前に、代表取締役社長兼CEOの候補者について、慎重に人選を進めることになります。人選の結果、社長に就任することが既定路線であることから、株主総会後の最初の取締役会では代表取締役について、特段の議論が行われることなく選定されることが実務実態となっています。したがって、社長である代表取締役を選定する際には、CEOとしての資質が十分に検証・確認された結果であることが重要となります。なお、CGコードでは、人的資本の重要性に鑑み会社役員に限らず「経営陣幹部」の選解任について、取締役会としての監督機能を求めています（補充原則4-3①）。経営陣幹部としては、執行役員や支店長・工場長・支配人等が考えられます。

　役員報酬については、お手盛り的な高額報酬とならないように取締役会と

して監督することも重要ですが、企業の持続的な成長のためにはインセンティブ報酬を含めた報酬体系、具体的には業績連動型やストックオプション制度の導入等を推奨しています（補充原則4-2①）。取締役の報酬については、令和元（2019）年改正会社法において、報酬内容の決定手続に関する透明性[1]とともに、インセンティブ報酬を念頭においた規定[2]がおかれました。ハード・ローである会社法で規定されたことから、各社は様々な報酬体系を検討・導入し、事業報告やコーポレートガバナンス報告書等を通して広く開示する実務が定着しつつあります。

2021（令和3）年6月の改訂CGコードは、中長期的な企業価値向上を強く意識した内容となっている点も特筆できます。取締役会に対して、自社の持続的な発展（サステナビリティ）のための基本方針を策定した上で、その具体的な実行状況を監督することを求めています（補充原則4-2②）。その際に、全社的なリスク管理体制の重要性を認識するとともに、グループを含めた体制の適切な構築を行い、運用状況について監督機能の構築を図るべきとしています。ここでのキーワードは、「持続的な発展」と「グループ」です。すなわち、気候変動対応等の社会的要請も念頭におきつつ、会社単体ではなく、グループ全体で対応すべきとしています。

監査役としては、上記のような取締役会の役割を再認識した上で、取締役以下執行部門がその役割を十分に果たすための具体的な対応をとっているか注視することが大切になります。取締役会に上程される前には、経営会議をはじめ、社内の様々な会議体や委員会で審議されるはずです。常勤監査役は、必要に応じてこれらの会議等に積極的に出席したり、監査役としての業務報告請求権や業務および財産調査権（会381条2項）を行使して、個別に関係する事業部門から情報提供を受けるべきです。とりわけ、自社の持続的な発展のための基本方針の策定を取締役会で決定するという内容については、今回のCGコードの改訂内容でもありますし、投資家をはじめとした社会的

---

1) 社外取締役選任義務化の会社と監査等委員会設置会社では、取締役の個人別の報酬内容の決定方針を取締役会で決定することが義務付けられた（会361条7項）。
2) 会社株式や新株予約権を取締役の報酬とする場合は、株主総会の決議によって、株式や新株予約権の数等、一定事項を定めることとなった（会361条1項3号・4号・5号）。

関心が高い領域ですので、その対応状況を監査役としての監視機能の一環として捉えるべきと思われます。その上で、非常勤社外監査役は、常勤監査役からの社内情報をもとに、CGコードで規定された取締役会の責務を取締役が果たしているか積極的に意見陳述をすべきです。特に、CEOの選解任・役員報酬の制度設計・会社の持続的な発展に関する議案については、担当部門から十分に説明を受けた後に、取締役会での審議・決議に臨むべきです。

【原則4-2. 取締役会の役割・責務 (2)】
　取締役会は、経営陣幹部による適切なリスクテイクを支える環境整備を行うことを主要な役割・責務の一つと捉え、(以下、略)。
　補充原則
　　4-2① 取締役会は、経営陣の報酬が持続的な成長に向けた健全なインセンティブとして機能するよう、客観的・透明性ある手続に従い、報酬制度を設計し、具体的な報酬額を決定すべきである。その際、中長期的な業績と連動する報酬の割合や、現金報酬と自社株報酬との割合を適切に設定すべきである。
　　4-2② 取締役会は、中長期的な企業価値の向上の観点から、自社のサステナビリティを巡る取組みについて基本的な方針を策定すべきである。
　　また、人的資本・知的財産への投資等の重要性に鑑み、これらをはじめとする経営資源の配分や、事業ポートフォリオに関する戦略の実行が、企業の持続的な成長に資するよう、実効的に監督を行うべきである。

【原則4-3. 取締役会の役割・責務 (3)】
　取締役会は、独立した客観的な立場から、経営陣・取締役に対する実効性の高い監督を行うことを主要な役割・責務の一つと捉え、適切に会社の業績等の評価を行い、その評価を経営陣幹部の人事に適切に反映すべきである。(以下、略)

185

補充原則

4-3①　取締役会は、経営陣幹部の選任や解任について、会社の業績等の評価を踏まえ、公正かつ透明性の高い手続に従い、適切に実行すべきである。

4-3②　取締役会は、CEOの選解任は、会社における最も重要な戦略的意思決定であることを踏まえ、客観性・適時性・透明性ある手続に従い、十分な時間と資源をかけて、資質を備えたCEOを選任すべきである。

4-3③　取締役会は、会社の業績等の適切な評価を踏まえ、CEOがその機能を十分発揮していないと認められる場合に、CEOを解任するための客観　性・適時性・透明性ある手続を確立すべきである。

4-3④　内部統制や先を見越した全社的リスク管理体制の整備は、適切なコンプライアンスの確保とリスクテイクの裏付けとなり得るものであり、取締役会はグループ全体を含めたこれらの体制を適切に構築し、内部監査部門を活用しつつ、その運用状況を監督すべきである。

② 監査役および監査役会の役割・責務

　取締役会の役割・責務については、監査役は取締役が善管注意義務を果たしているか否かの観点での対応となりますが、一方、監査役および監査役会の役割・責務は、監査役自身の問題となります。今回の改訂では、監査役（会）に関する内容面での変更はありませんでしたが、改めてCGコードの記載内容を確認する意義はあります。この中で最も着目すべきと思われることは、監査役がその役割・責務を果たすためには、「守りの機能」を含め、自らの守備範囲を狭く捉えることは適切ではないと明言していることです（原則4-4）。このCGコードの記述が意味することは、監査役は適法性監査にとらわれて、その範囲内での意見陳述や意見具申にこだわる必要はなく、必要に応じて妥当性も含め能動的・積極的に発言すべきとしていることです。

言い換えれば、監査役自身が適法性監査だけに限るとの意識を持って職務を遂行しているとすれば、その意識改革を促していると解せられます。

また、CG コードでは、常勤監査役が社内の状況に精通している点を踏まえて、その情報力を非常勤社外監査役が活かしていくことが大切であり、そのためには社外取締役との連携を確保すべきとしています[3]。社内の情報収集という点では、社外取締役も同じ課題に直面しているので、この点について社外取締役とも共同歩調をとって、執行部門に働きかけることも必要としています。

【原則 4-4. 監査役及び監査役会の役割・責務】

　監査役及び監査役会は、取締役の職務の執行の監査、監査役・外部会計監査人の選解任や監査報酬に係る権限の行使などの役割・責務を果たすに当たって、株主に対する受託者責任を踏まえ、独立した客観的な立場において適切な判断を行うべきである。

　また、監査役及び監査役会に期待される重要な役割・責務には、業務監査・会計監査をはじめとするいわば「守りの機能」があるが、こうした機能を含め、その役割・責務を十分に果たすためには、自らの守備範囲を過度に狭く捉えることは適切でなく、能動的・積極的に権限を行使し、取締役会においてあるいは経営陣に対して適切に意見を述べるべきである。

　補充原則

　4-4① （略）。また、監査役または監査役会は、社外取締役が、その独立性に影響を受けることなく情報収集力の強化を図ることができるよう、社外取締役との連携を確保すべきである。

---

③ 任意の仕組みの活用

　わが国においては、定款自治のもと、監査役（会）設置会社・監査等委員会

---

3)　監査役と社外取締役との連携について、法的整理と実務を解説したものとして、第Ⅲ編第8章参照。

設置会社・指名委員会等設置会社の会社形態の選択のみならず、会社機関設計においても、会計監査人の設置有無等、自由度が高くなっています。他方、法定の会社機関を補足する観点から、CGコードでは一定の独立役員を構成メンバーとする任意の委員会の設置を推奨しています。経営会議や役員会等の社内会議では、取締役会への付議案件を社内役員や経営幹部の間で審議し決定しますが、これらの会議に社外役員が定例的に出席するのは極めて稀であるのが通例です。この場合、取締役会に上程される議題・議案を取締役会で根本から覆すのは経営的にみて効率的ではありません。また、現実問題として、社外役員は議案に対して条件を述べたり、注意喚起することはあっても、極めて不当・不合理が明らかであると考えられる議案でない限り、取締役会において議案そのものに正面から反対することは、通常は容易ではないと思われます。

　経営会議等の純粋社内会議であると、社内論理が優先され、社内の常識が世間からは非常識とみなされる場合もあり得ます。そこで、取締役会に付議される前に、あらかじめ社外役員の視点も取り入れる機会を持つための任意の委員会が意味を持ってきます。例えば、役員の報酬や候補者の人選を審議する報酬・指名委員会、リスク管理体制を審議するコンプライアンス委員会、地球環境等の中長期的施策を検討する環境委員会等があります。これらは、あくまで任意の委員会ですので、監査役としては、各々の委員会の目的・構成メンバーに加えて、諮問・答申の相手先がどこかを確認しておくことが必要です。例えば、取締役会からの諮問であれば委員会の答申先は取締役会宛になりますし、経営会議であれば経営会議議長宛に、審議の結果を報告することになるはずです。任意の(諮問)委員会が、執行部門による対外的なPRを意識した形式的な設置となっていないか注視することが大事です。とりわけ、報酬・指名委員会については、可能なら社外監査役がメンバーの1人となり、審議の状況を他の監査役と情報共有できれば、決定プロセスの透明性について監査役としての適切な判断が可能となります。

【原則4-10. 任意の仕組みの活用】

　上場会社は、会社法が定める会社の機関設計のうち会社の特性に応じて最も適切な形態を採用するに当たり、必要に応じて任意の仕組みを活用することにより、統治機能の更なる充実を図るべきである。

　補充原則

　4-10① 　上場会社が監査役会設置会社または監査等委員会設置会社であって、独立社外取締役が取締役会の過半数に達していない場合には、経営陣幹部・取締役の指名（後継者計画を含む）・報酬などに係る取締役会の機能の独立性・客観性と説明責任を強化するため、取締役会の下に独立社外取締役を主要な構成員とする独立した指名委員会・報酬委員会を設置することにより、指名や報酬などの特に重要な事項に関する検討に当たり、ジェンダー等の多様性やスキルの観点を含め、これらの委員会の適切な関与・助言を得るべきである。

　特に、プライム市場上場会社は、各委員会の構成員の過半数を独立社外取締役とすることを基本とし、その委員会構成の独立性に関する考え方・権限・役割等を開示すべきである。

---

④ 取締役会・監査役会の実効性確保のための前提条件

　取締役会の構成メンバーに多様性が必要であるとして、前回の改訂で規定されたジェンダーや国際性に加えて、今回の改訂で職歴と年齢が追記されました。これらの外形的な面のみならず、各取締役が会社に対してどのような点で貢献できるか、**CG**コードでは一覧表とでもいうスキル・マトリックスの作成・開示を求めています[4]（補充原則4-11①）。**CG**コードでは、スキル・マトリックスの作成は取締役に対してのみ言及していますが、監査役もあわせて作成して一覧にすることが実務では主流となっています。

---

4) スキル・マトリックスの実態については、長谷川聡＝佐伯直樹＝梶嘉春「スキル・マトリックスの現状分析と作成・活用のあり方」旬刊商事法務2275号（2021年）61〜73頁参照。

　監査役について、特に、適切な経験・能力を求めているのは、監査役の職務の性格上、それ相当の複数の職場経験を有すること、業務監査でのヒアリングなどを通じて、事業部門の課題や問題点を察知するためのコミュニケーション能力が必要とされているからです。また、CGコードにおいて、監査役に財務・会計の十分な知見者の選任が最低1名は必要であるとしていることは、会計監査人に一次的に会計監査を任せていたとしても、会計監査人とある程度対等の対話をするために、財務・会計の知見は必要なスキルと考えているからと思われます。

【原則4-11. 取締役会・監査役会の実効性確保のための前提条件】
　取締役会は、その役割・責務を実効的に果たすための知識・経験・能力を全体としてバランス良く備え、ジェンダーや国際性、職歴、年齢の面を含む多様性と適正規模を両立させる形で構成されるべきである。また、監査役には、適切な経験・能力及び必要な財務・会計・法務に関する知識を有する者が選任されるべきであり、特に、財務・会計に関する十分な知見を有している者が1名以上選任されるべきである。(以下、略)
　補充原則
　　4-11① 　　取締役会は、経営戦略に照らして自らが備えるべきスキル等を特定した上で、取締役会の全体としての知識・経験・能力のバランス、多様性及び規模に関する考え方を定め、各取締役の知識・経験・能力等を一覧化したいわゆるスキル・マトリックスをはじめ、経営環境や事業特性等に応じた適切な形で取締役の有するスキル等の組み合わせを取締役の選任に関する方針・手続と併せて開示すべきである。その際、独立社外取締役には、他社での経営経験を有する者を含めるべきである。

---

⑤ 情報入手と支援体制
　取締役・監査役が職務を遂行するためには適時・適切に情報を入手できる

　ことが必要ですが、とりわけ監査役としては、能動的に情報を入手する姿勢
が大切です。法的に、取締役には、会社に著しい損害を及ぼすおそれがある
事実を発見したときは、監査役に報告する義務があります（会357条1項）
が、情報入手について待ちの姿勢ではなく、業務監査のヒアリングや重要会
議での質疑を通じて、積極的に関連情報を入手することが求められます。そ
の際、CG コードに記載されている人員面を含む支援体制（原則4-13）とは、
監査役では監査役スタッフの配置が該当します[5]。監査役スタッフには、従
業員の目線で各部門から情報を入手し監査役に伝える大事な役割もあります
ので、監査役としては、監査計画や監査役会議事録の作成等の事務処理のみ
ならず、必要に応じて情報入手の観点からも監査役スタッフの配置を執行部
門に働きかけるべきと思います。
　内部監査部門は、三様監査の1つとして、またリスク管理体制における3
線（ディフェンス）ライン[6]の第3線の役割としても、監査役とは密接に関わ
りがあります。したがって、内部監査部門が監査の過程で入手した情報を、
監査役会に対しても直接報告することが定例化されることが重要になりま
す。実務的には、監査役会に内部監査部門長が出席し状況報告をすることに
加えて、都度、特筆すべき報告事項が発生した場合には、コーポレート部門
のみならず監査役会に対しても同時に報告することを社内ルールで義務付け
るべきと考えられます。

> 【原則4-13. 情報入手と支援体制】
> 　取締役・監査役は、その役割・責務を実効的に果たすために、能動的
> に情報を入手すべきであり、必要に応じ、会社に対して追加の情報提供
> を求めるべきである。
> 　また、上場会社は、人員面を含む取締役・監査役の支援体制を整える
> べきである。

5) 監査役と監査役スタッフとの関係と実務については、第Ⅱ編第6章参照。
6) 米国に本部がある内部監査人協会（IIA）が3線ディフェンスラインの考え方を唱えたが、2020年の改
訂で、リスク・マネジメントは目標の達成等への貢献もあるとして、「ディフェンス」という文言を削除
した。The Institute of Internal Auditors, *The IIA's Three Lines Model at1*（July 2020）.

取締役会・監査役会は、各取締役・監査役が求める情報の円滑な提供が確保されているかどうかを確認すべきである。

補充原則

　4-13③　上場会社は、取締役会及び監査役会の機能発揮に向け、内部監査部門がこれらに対しても適切に直接報告を行う仕組みを構築すること等により、内部監査部門と取締役・監査役との連携を確保すべきである。（以下、略）

（2）株主との対話

　株主と会社の対話が重要視されている中で、スチュワードシップ・コード[7]により、機関投資家と企業との対話が促進されています。株主や投資家が対話を求めているテーマによっては、監査役も対応すべきとしています。監査役に関連するテーマとしては、コンプライアンスやリスク管理関連が考えられます。その際、監査役単独というよりは、（社外）取締役と同席して臨むことが適切と思います。

【原則 5-1. 株主との建設的な対話に関する方針】

　上場会社は、株主からの対話（面談）の申込みに対しては、会社の持続的な成長と中長期的な企業価値の向上に資するよう、合理的な範囲で前向きに対応すべきである。（以下、略）

補充原則

　5-1①　株主との実際の対話（面談）の対応者については、株主の希望と面談の主な関心事項も踏まえた上で、合理的な範囲で、経営陣幹部、社外取締役を含む取締役または監査役が面談に臨むことを基本とすべきである。

7）スチュワードシップ・コードとは、機関投資家にとっての行動規範を明文化したガイダンスであり、日本版スチュワードシップ・コードは、2020 年 3 月 24 日に再改訂された。

3 / 小括

　前章と本章の2つの章にわたって、CGコードに関して、監査役として留意すべき項目について解説しました。ソフト・ローであるCGコードは、上場会社に対してガバナンス面からの方向性を今日的な社会からの要請を念頭において定めたものです。CGコードに則って、具体的に実施・実行するのは個々の企業であり、その推進役となるのは執行部門です。

　監査役としては、CGコードが掲げている趣旨を踏まえて、執行部門が適切な対応を行おうとしているか常に意識し、必要に応じて積極的に議論に加わり、意見を述べる姿勢が大事となります。

第**19**章　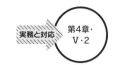

監査等委員会設置会社を巡る現状と今後の課題

1 / はじめに

　わが国の現行会社法では、監査役設置会社、指名委員会等設置会社、監査等委員会設置会社の3形態の選択が可能です。

　監査役制度は、会社法の原型となる明治32（1899）年商法において制定されたのに対して、指名委員会等設置会社は、平成14（2002）年商法改正（当時は「委員会等設置会社」、会社法施行時は「委員会設置会社」と呼称）において、また監査等委員会設置会社は、平成26（2014）年会社法改正で創設された新しい会社形態です。

　どの会社形態であっても、自社にとって最も相応しいと考える企業統治を選択できることを意味します。特に、委員会型の会社は、必ず会計監査人が設置される（会327条5項）ことから、ガバナンスの面からは、進んだ会社形態ということになります。

　他方で、会社が3形態を選択できるということは、各社が企業統治の観点から各々の形態の特徴を見据えながら、自社の業種・業態・規模等を勘案しつつ選択することを意味します。この中で、最も創設が新しい監査等委員会設置会社は、すでに1,200社を超えるに至っており[1]、一方で指名委員会等設置会社はピーク時でも150社余りにとどまり、むしろその後減少している状況となっています。

---

1) 2021年8月における東京証券取引所の調査では、全上場会社のうち、33.1%（1,237社）が監査等委員会設置会社形態を採用している。東京証券取引所「東証上場会社における独立社外取締役の選任状況及び指名委員会・報酬委員会の設置状況」（2021年8月2日公表）16頁。

　そこで、本章では監査等委員会設置会社に焦点を当てて、その制度の特徴、実務上の留意点、さらには今後の立法上の課題について解説します。監査等委員会設置会社の監査等委員のみならず、将来、監査等委員会設置会社への移行の検討もあり得ると考えている会社の監査役や監査委員の方にも参考にしていただければと思います。

2 監査等委員会設置会社創設の背景と 監査等委員会設置会社の特徴

（1）監査役制度に対する評価

　わが国の監査役制度は長い歴史を有しており、「上場会社等における戦後の機関に関する改正の歴史の相当部分は、監査役制度強化の歴史」[2]との認識があります。もっとも、監査役が法制度的にその地位の強化が図られてきたにもかかわらず、法が期待している機能を十分に果たしているか疑問視する評価もみられました。その根拠として主に2点が主張されていました。

　第一の根拠は、監査役に対する人事権の問題です。監査役の選任議案の内容を株主総会に提案する前段階で、取締役は監査役（会）の同意を得なければなりません（会343条1項・3項）。しかし、「監査役の人事権が事実上、取締役会ひいては社長に掌握されている限り十分に機能しえない」[3]との意見が根強くありました。監査役は、取締役会に出席し意見陳述することが義務付けられています（会383条1項）が、議決権を有していないことから、代表取締役の選定・解職の賛否に参画することができず、代表取締役が決める監査役の人事案に従わざるを得ない状況があるからです。

　この問題に関連して、研究者の中には、監査役に取締役解任請求権を付与すべきとの提案[4]もあり、平成17（2005）年会社法制定のための法制審議会

2）江頭憲治郎『株式会社法（第8版）』有斐閣（2021年）541頁。
3）久保利英明「社外役員制度と株主代表訴訟の現状」久保利英明ほか『日本型コーポレートガバナンス』日刊工業新聞（1998年）165頁。
4）片木晴彦「監査役制度の行方（二・完）」民商法雑誌120巻3号（1999年）434頁。

会社法制部会における審議内容案にもこの提案がありましたが、委員の中では法制化に対する否定的な見解も多く[5]、中間試案に盛り込まれませんでした。

第二の根拠は、監査役の監査権限の範囲としての適法性監査限定論の問題です。学説では、長らく監査役の職務範囲は適法性監査権限に限定され、妥当性監査権限までは及ばないとの主張が多数説でした。監査役の職務範囲を適法性監査に限定すれば、日常的に企業経営において妥当性の問題に直面することが圧倒的に多い状況下では、監査役の活動範囲は制限されたものになりかねません。

もっとも、今日においては、監査役監査報告の記載事項として、内部統制システムの基本方針の相当性の記載（会施規129条1項5号）、事業報告に記載された買収防衛策や親子会社間の取引に対する監査役の意見（会施規129条6号）、株主代表訴訟制度において、取締役の責任に対する不提訴理由通知制度（会847条4項）が定められていることから、監査役の適法性監査限定論の根拠は薄れつつあります[6]。

（2）平成14年商法改正による選択制導入と問題点

長い歴史がある監査役制度に関して、企業統治の観点から制度上の強化が図られてきたにもかかわらず、その機能に懐疑的な見解が主張されていたことから、監査役設置会社の制度は残しつつ、委員会等設置会社を新たに創設することになりました。

委員会等設置会社とは、経営と執行の分離を図りつつ、社外取締役が過半数を構成する指名委員会・報酬委員会・監査委員会の3つの委員会の設置を義務付けた米国モデルの企業統治形態です（会400条1項・3項）。監査役との比較に着目すると、監査役には取締役会における議決権がないとの評価に対して、監査役の代替となる監査委員は、取締役監査委員となりました。

取締役会での決議事項に対して、議決権があることから、通常の経営の意

---

5) 法制審議会会社法制部会「第4回会議議事録」（2010（平成22）年8月25日開催）4〜13頁。
6) 本論点に関する私見については、第Ⅰ編第2章参照。

思決定の賛否にとどまらず、代表取締役の選定・解職の賛否を通じた意思表示を行うことも可能となりました。

さらに、監査役は適法性監査に限定されるとの論点に対しても、取締役の地位から考えて、妥当性監査は当然のこととして及ぶことになります。もっとも、監査委員は取締役であり、取締役会での多数決に服する必要があることから、監査役制度の特徴である独任制は適用されませんでした。また、取締役として内部監査部門等を指示・命令することにより監査の実効性を確保することが可能なことから、常勤の監査委員は義務付けられませんでした。

一方、監査役が取締役とは別の議題・議案として株主総会で選任されるのに対して、監査委員は指名委員会で決定した取締役の候補者を株主総会で選任した上で、取締役会が監査委員を選定する手続となっています（会329条1項・400条2項）。

このように、監査委員は監査役制度と比較して異なる点が多々ありましたが、委員会等設置会社に移行した会社数は、多い時でも約150社程度にとどまり、その後は監査役設置会社に戻る会社もあるなど、現時点では80社強となっています[7]。指名委員会等の3委員会の権限が米国の委員会よりも強く、委員会での決定は取締役会でも覆すことができないこと、および代表取締役としては、職務を遂行する上での権限行使の源である取締役の人事権と報酬決定権のイニシアティブを社外取締役に持たせることに抵抗感があったためと思われます。

当時の立案担当者によると、委員会等設置会社制度の創設は、適切な企業統治を実現するための機関の在り方について、会社の選択の幅を増やす趣旨であると明言しており[8]、いわゆる監査役設置会社と委員会等設置会社との制度間競争を図ることにより、よりよい企業統治形態を模索しようとする方向性は間違いではなかったと思います。しかし、制度間競争による評価が行われるためには、相互に比較対象できる程度の会社数が存在することが前提

7） 日本取締役協会の調査によると、82社である。日本取締役協会「指名委員会等設置会社リスト（上場企業）」（2021年8月2日調査）。

8） 始関正光「平成14年改正商法の解説［V］」旬刊商事法務1641号（2002年）20頁。

であり、圧倒的に多数の会社が監査役設置会社である状況下では、制度間競争を意図する目的は果たせなかったことになります。

（3）監査等委員会設置会社創設の背景と特徴

委員会等設置会社の会社数が伸び悩んだ中で、監査役制度と制度間競争になり得る企業統治機構が模索されました。その結果、新たに創設されたのが監査等委員会設置会社です。

監査等委員会設置会社は、指名委員会等設置会社で必置の指名委員会と報酬委員会の設置を義務付けずに、監査委員会に相当する委員会のみを残した制度設計となっています（あわせて、三委員会が必置の会社形態を「指名委員会等設置会社」と呼称変更）。その上で、指名委員会等設置会社の監査委員会と区別するために、監査等委員会としました。指名委員会等設置会社における社外取締役に取締役の指名や報酬決定のイニシアティブを持たせることへの抵抗感を排除しつつ、指名委員会等設置会社の特徴も活かしている点で、監査等委員会設置会社は、監査役設置会社と指名委員会等設置会社との中間的な位置付けとなっています。

すなわち、第一の特徴としては、監査委員と同様に、取締役の職務執行を監査する監査等委員は取締役となります。したがって、取締役会での議決権があり、かつ内部監査部門等に対して、指示・命令を行うことが可能である点も監査委員と同様です。

第二の特徴としては、指名委員会や報酬委員会の設置が不要となった代替措置として、監査等委員会が選定する監査等委員は、監査等委員以外の取締役の選任もしくは解任または辞任、および報酬等に対して、株主総会において監査等委員会の意見を述べることができます（会342条の2第4項、361条6項）。業務執行取締役の行為を評価した上で、その評価の結果として取締役の人事や報酬に関する意見陳述を行うことによって、監督機能を持たせる立法趣旨であることから、監査等委員会設置会社の「等」は「監督」を意味します[9]。

第三の特徴として、監査等委員会設置会社の業務執行取締役の任期が1年

間であるのに対して、監査等委員は2年となっています（会332条1項・4項）。指名委員会等設置会社の取締役の任期はすべて1年で統一されているのに対して、監査役の任期と同様に、業務執行取締役の任期の2倍となっています。監査の観点からは、業務執行取締役の任期より伸長させることにより、監査等委員がその職務を適切に遂行するための独立性を確保している立法趣旨です。

　第四の特徴として、監査等委員以外の取締役の利益相反取引（会356条1項2号・3号）について、監査等委員会の事前承認を得た場合には、利益相反取引により会社に損害が生じたとしても、当該取締役の任務懈怠の推定は排除されます（会423条4項）[10]。

　監査等委員会設置会社の法規定に焦点を当てて具体的に整理しますと（**図表19-1**）の通りとなります。要約しますと、監査役設置会社が有する執行部門からの独立性を維持しつつ、取締役会で議決権を保有する権限が付与されたこと、他方で指名委員会等設置会社において必置の指名委員会・報酬委員会の代替機能として、株主総会での監査等委員以外の取締役の指名と報酬の意見陳述権を監督機能として持たせたという特徴となります。

　監査等委員会設置会社の独自規定は、（**図表19-1**）の通り4項目ですが、取締役の法定任期が1年に対して監査等委員の任期は2年という2倍規定は、監査役設置会社と同様（監査役設置会社の取締役の任期は2年、監査役の任期は4年）です。また、利益相反取引の任務懈怠推定排除規定は、取締役会で決議すべき取締役の利益相反取引について、監査等委員会が事前に承認していれば、利益相反取引で会社に損害が発生した場合でも当該取締役の任務懈怠の推定規定（会社法423条3項）が排除されるという内容であり（同条4項）、監査等委員会の利用促進という政策的判断のためと解されています。このよう

---

9) 平成26（2014）年会社法改正に向けた会社法制の見直しについての法制審議会会社法制部会では、「監査・監督委員会設置会社（仮称）」として審議が進められていた。

10) 本規定は、理論的に必然的なものではないことから、監査等委員会設置会社推進のための政策的制度と理解されているようである。江頭憲治郎＝中村直人編著『論点体系会社法〈補巻〉』［中村直人］第一法規（2015年）367頁。

11) 監査役設置会社から監査等委員会設置会社への移行であれば、現状の社外監査役がそのまま横滑りして取締役監査等委員となることにより、新たな社外取締役を選任しなくても、2人以上の社外取締役を確保することが可能である。

図表 19-1　監査等委員会設置会社の規定内容の整理

監査役設置会社と 同様の規定	指名委員会等設置会社と 同様の規定	監査等委員会設置会社 固有の規定
● 株主総会での選任 　　（会 329 条 2 項） ● 選任議案への同意権 　　（会 344 条の 2 第 1 項） ● 選任議題及び議案の提出請求権 　　（会 344 条の 2 第 2 項） ● 監査等委員の選任・解任・辞任の意見陳述権 　　（会 342 条の 2 第 1 項） ● 辞任した監査等委員の意見陳述権 　　（会 342 条の 2 第 2 項） ● 報酬協議 　　（会 361 条 2 項 .3 項） ● 自らの報酬への意見陳述権 　　（会 361 条 5 項） ● 株主総会特別決議による解任 　　（会 309 条 2 項 7 号） ● 法令違反等の事実がある株主総会提出議案・書類の株主総会への報告 　　（会 399 条の 5） ● 監査等委員以外の取締役に監査等委員会議事録への閲覧謄写権限無し 　　（会 399 条の 11） ● 取締役会への職務執行状況の説明義務は無し	● 常勤者の義務付け無し ● 取締役会で議決権有り ● 組織監査 ● 監査等委員会への取締役による説明義務 　　（会 399 条の 9 第 3 項） ● 監査等委員会に定足数が有り、かつ特別利害関係人排除規定 　　（会 399 条の 10 第 1 項・2 項） ● 取締役会における経営の基本方針の決定 　　（会 399 条の 13 第 1 項 1 号イ・2 項） ● 重要な業務執行事項決定権限を取締役に委任可能 　　（会 399 条の 13 第 5 項・6 項） ※過半数の社外取締役かつ取締役会の決議又はその旨の定款の定めが必要 ● 監査等委員以外の取締役の任期 1 年 　　（会 332 条 3 項）	● 監査等委員の任期 2 年 　　（会 332 条 1 項） ● 監査等委員以外の取締役の選任・解任・辞任への意見陳述権 　　（会 342 条の 2 第 4 項） ● 監査等委員以外の取締役の報酬の意見陳述権 　　（会 361 条 6 項） ● 監査等委員会の承認で取締役の利益相反取引における任務懈怠推定規定排除 　　（会 423 条 4 項）

注：条文は、すべて監査等委員会設置会社の会社法条文番号
出所：筆者作成。

　な状況を考えると、監査等委員会設置会社の着目すべき特徴は、株主総会での監査等委員以外の取締役に対する指名・報酬に関する意見陳述権ということになります（**図表 19-2** 参照）。

　以上のような特徴に加えて、今日社外取締役の複数就任の要請が高まっている中で、半数以上の社外監査役が法定化されている監査役会設置会社（会

図表 19-2　監査役設置会社・監査等委員会設置会社・指名委員会等設置会社比較

	監査役	監査役会監査役	監査等委員	監査委員
監査役・監査(等)委員の選任・選定	株主総会 329 Ⅰ	株主総会 329 Ⅰ	株主総会 329 Ⅰ・Ⅱ	株主総会で選任された取締役から取締役会で選定 329 Ⅰ・400 Ⅱ
選任議案への同意権	有　343 Ⅰ	有　343 Ⅲ	有　344の2 Ⅰ	無
選任議題・議案の提出権	有　343 Ⅱ	有　343 Ⅲ	有　344の2 Ⅱ	無
任期	4年　336 Ⅰ	4年　336 Ⅰ	2年　332 Ⅰ	1年　332 Ⅵ
常勤者の要否	不要	必要　390 Ⅲ	不要	不要
業務執行取締役の選任等への意見陳述権	無	無	有 342の2 Ⅳ	無
監査役等の報酬の決定	株主総会＋監査役の協議 387 Ⅰ・Ⅱ	株主総会＋監査役の協議 387 Ⅰ・Ⅱ	株主総会＋監査等委員の協議 361 Ⅱ・Ⅲ	報酬委員会 404 Ⅲ
業務執行取締役の報酬等への意見陳述権	無	無	有　361 Ⅵ	無
株主総会での解任決議要件	特別決議 309 Ⅱ⑦	特別決議 309 Ⅱ⑦	特別決議 309 Ⅱ⑦	普通決議 341
取締役会での解職	無	無	無	有（監査委員解職）401
監査形態	独任制	独任制	組織監査	組織監査
社外者	無	有（半数） 335 Ⅲ	有（過半数） 331 Ⅵ	有（過半数） 400 Ⅲ
監査報告義務	有（各監査役） 381 Ⅰ	有（監査役会として） 390 Ⅱ	有（監査等委員会として） 399の2 Ⅲ①	有（監査委員会として） 404 Ⅱ①
取締役会議決権	無	無	有	有

注：条文番号は、略して記載。例 309 Ⅱ⑦＝会社法 309 条 2 項 7 号
出所：筆者作成。※『実務と対応』第 4 章・Ⅴ・3・図表 4-G を一部抜粋

335条3項）では、社外取締役を新たに選任する負担感や社外役員としての適切な人材の獲得が困難であるとの諸事情もあります。このような事情が監査等委員会設置会社への移行が急速に行われた背景にあります[11]。

3 監査等委員会設置会社の実務上の留意点と今後の立法上の課題

　監査等委員会設置会社に移行することを社内で決定した場合、定款変更が必要となりますので、株主総会の特別決議を経ることになります。その際、社外監査役を社外取締役監査等委員に横滑りさせることにするのか、または移行を機会に社外取締役（監査等委員）の候補者を新たに選任するのか、その員数も含め取締役の選任議案にも関係してきます。

　これらの体制移行後は、監査等委員会設置会社の特徴を踏まえた監査等委員としての留意すべき実務が考えられます。

（1）内部監査部門との関係

　一般的には、内部監査部門の陣容の方が監査役スタッフの陣容よりも多い状況にあります。とりわけ、上場会社においては、内部監査部門が金融商品取引法上の財務報告に係わる内部統制システムの評価の役割も担っていることが通例です。したがって、監査等委員は、内部監査部門を直接的に指揮・命令することを通じて、監査の実効性を確保することが可能となります。また、常勤監査等委員をおく場合には、監査等委員スタッフを配置することにより、内部監査部門との連携をより円滑に進めることもできます。

　監査役の場合、内部監査部門と相互に監査の実施状況や監査の結果を確認し意見交換の結果も参考にして、監査を実行することになります。これに対して、監査等委員は、取締役として内部監査部門を直接指示・命令すること

---

[11]監査役会設置会社から監査等委員会設置会社への移行であれば、現状の社外監査役がそのまま横滑りして取締役監査等委員となることにより、新たな社外取締役を選任しなくても、2人以上の社外取締役を確保することが可能である。

ができる立場にありますから、単に意見交換を行うにとどまらず、各事業部門に対する監査の結果として特に注意すべき点があれば、内部監査部門に重点的に監査を指示したり、内部監査部門からの詳細な監査結果報告を要請することができます。

また、監査等委員会の下部組織として内部監査部門を位置付けることによって、指示・命令やレポーティングラインを強化する組織体制も考えられます。とりわけ、監査等委員全員が非常勤社外監査等委員の場合は、日常の監査実務を行うために内部監査部門を監査等委員会の直轄の組織体制とすることも検討に値すると思われます。

（2）業務執行取締役の選任・解任・辞任や報酬等に関する意見陳述

監査等委員の業務執行取締役の選任・解任・辞任や報酬等に対する意見陳述権とは、通常、問題であるとの認識を持った場合や指摘すべきと考える内容がある場合に、株主総会で意見陳述を行うという解釈が一般的です。しかし、監査等委員会として適切な行使義務の観点から、問題の有無に関わらず、株主総会で意見陳述を行うことも考えられます。具体的な業務には、以下のものがあります。

まずは、業務執行部門から取締役の再任候補者または新任候補者、解任や辞任の取締役、取締役報酬額または報酬体系の具体的な確認です。取締役の再任候補者であれば、これまでの実績と人物評価を、新任候補者であれば略歴やこれまでの業績、人物評価がポイントとなります。特に新任社外取締役候補者の場合は、略歴のみならず、執行部門がその人物を候補者とした理由を十分に確認します。取締役の解任や辞任の事案の場合には、合理性や妥当性について確認します。また、対象者本人からのヒアリングも必要となってきます。

次に、報酬であれば、その額や業績連動・ストックオプションの導入等の報酬体系の考え方です。報酬額については、報酬基準があれば基準との整合性、および報酬の多寡について特殊要因の有無の確認となります。特定の取締役への報酬が突出して高額となっていないか、会社が赤字でありながら報

酬が増額となっていないかなどの観点からの確認も必要です。

　両者とも、任意の指名諮問委員会や報酬諮問委員会が設置されていれば、その審議の状況を委員長から直接、またはその議事録を閲覧することによって、妥当な決定であるかそのプロセスも含めて判断することになります。取締役候補者や取締役の解任・辞任、報酬について、代表取締役や相談役等による一部の実力者の一存で決めているなど、その決定プロセスに問題があると認められる場合には、監査等委員として意見陳述に該当するのではないかとの判断を監査等委員会として決定することになります。

　意見陳述を行うのは株主総会においてですので、少なくとも株主総会の招集通知等の内容を決定する決算取締役会の前までには、監査等委員会を開催して、意見陳述の有無、もし有る場合には、その具体的内容を審議・決定します。その際、監査等委員は、監査役と異なり独任制ではないので、監査等委員会で徹底的に議論を尽くし、監査等委員会としての意見を集約することになります。その上で、監査等委員会議事録に記載するとともに、執行部門に対して意見陳述の有無とその内容について連絡または通知した後に株主総会において説明します。執行部門への連絡または通知については、法的義務ではありませんが、執行部門との関係を考えると、意見陳述の有無とおおよその内容について、事前に連絡または通知することが望ましいと考えます。

（3）利益相反取引の承認実務

　利益相反取引について、監査等委員会が承認した場合には、利益相反取引を行った取締役の任務懈怠の推定規定を適用しない（会423条4項）という監査等委員会設置会社の固有の制度があります。このために、監査等委員会としては利益相反取引に関して、執行部門からあらかじめ重要な事実の開示とその説明を受けて会社に損害が発生することがないか判断します。

　法制度上は、利益相反取引そのものを禁止しているわけではなく、利益相反取引により会社に損害が発生すると取締役の任務懈怠の推定規定が適用となります（会423条3項）から、利益相反行為の事実と利益相反行為による会社の損害発生有無やその妥当性を慎重に確認します。

　なお、監査等委員による事前承認がなければ、取締役会設置会社において
は、通常どおり、当該取引について事前に取締役会で承認・決議を行います
（会 365 条 1 項）。

（4）監査等委員会設置会社の課題と立法上の手当

　監査等委員会設置会社は、監査役設置会社と制度間競争を行うのに相応し
い会社数となってきており、今後も増加する可能性が高い会社形態ですが、
立法論的に見直してもよいと思われる点もあります。

　第一に、常勤監査等委員の義務化です。監査等委員は、内部監査部門を直
接的に指示・命令することが可能ですが、監査等委員に常勤者がいるか否か
で社内の情報収集や状況掌握についての状況はかなり異なります。内部監査
部門を指示・命令するとしても、個別・具体的に指示できるのは、社内の組
織や人事を熟知している常勤の監査等委員です。非常勤社外監査等委員で
は、どうしても一般的・包括的な指示とならざるを得ないからです。

　常勤者をおくことが望ましいと考える会社が就任させればよいとの議論も
ありますが、監査役会設置会社では常勤者を義務付けている一方で、監査等
委員会設置会社では義務付けなくてよいという説明に対して、合理的な根拠
は見いだし難いと思います。

　第二に、業務執行取締役の選任等や報酬等に対する株主総会での意見陳述
については、株主総会参考資料の開示事項とすることが考えられます。現状
は、株主総会において、意見があるときに監査等委員が意見陳述をするとい
うことになっています。しかし、業務執行取締役への牽制機能を考えると、
意見陳述権は監査等委員の監督機能を具現化している重要な項目だけに、株
主総会の参考資料の記載事項としてもよいと思われます。

　指名諮問委員会や報酬諮問委員会等での議論を踏まえて、監査等委員会と
していかなる評価をしたのかについて、株主総会の前に事前に通知される株
主総会参考資料に記載する意義は大きいと思います。

4 / 小括

指名委員会等設置会社の評価は、監査役設置会社との制度間競争を通して
では困難な状況のもと、監査等委員会設置会社と監査役設置会社との間では
制度間競争が可能な環境が整いつつあると思います。

監査等委員会設置会社の急増という事象を冷静に捉えて、監査等委員会設
置会社が持つ監督機能が十分に発揮できる体制を目指して、立法論および実
務面の双方からさらなる検討を行うことがガバナンスの面からも重要なこと
です。実務面としては、移行を検討するにあたって、自社の業種・業態・規
模等を十分に勘案し、それまでの経営管理機構の何が不都合であったのかを
確認した上で、監査等委員会設置会社への移行後のガバナンス体制の在り方
を具体的にイメージした結果として移行を決定します。また、移行後も、内
部監査部門をはじめとしたコーポレート部門との関係や任意の指名・報酬
(諮問)委員会と監査等委員会との関係等について、改善する点があれば積
極的に対応すべきです。監査等委員会設置会社に移行したという事実で満足
するのではなく、マネジメントモデルかモニタリングモデルとするかの取締
役会の在り方も含めて、監査等委員会設置会社特有の監督機能が十分に発揮
されるための社内体制の整備を検証・確認してより良き運用を目指す必要が
あると考えます。

また、すでに監査等委員会設置会社に移行した会社や監査等委員は、監査
役設置会社時代と比較して、実際にどのようなメリットがあったと実感して
いるのか、他方で何か課題はあるのかなどについて、積極的に発言・公表し
ていくことが、わが国の企業統治を考える上でも意義があると思います。

そして、このような点が定着して初めて、監査役設置会社および指名委員
会等設置会社との制度間競争が名実ともに実現し、監査等委員会設置会社の
評価が定まることになるのではないでしょうか。

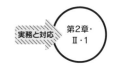

第**20**章

取締役と比較した
監査役の報酬

1 はじめに

　取締役と監査役の報酬は、会社の役員報酬として、株主からその個別の報酬額に関心が集まる傾向が多くあります。株主にとってみれば、取締役・監査役ともに、株主総会で選任され、株主の負託を受けて、その職務を遂行する役割があることから、各々の職務に相応しい報酬レベルとなっているか関心があるのは、当然ともいえます。もっとも、株主からは、役員報酬がお手盛り的に自分達に好都合の報酬額の支払いが行われることは、株主への利益還元に対して優先されていることを意味するために、少なくとも、最低限、支払報酬総額が過大となっていないかについて、監視する必要があります。このために、実務慣行としては、株主総会において、報酬総額を定めた上で、個々の配分は取締役会および監査役に委ねる方式を採用していました。

　株主総会で報酬総額を決定した上で、具体的な配分は会社の内部で決める実務は、取締役と監査役の報酬では同じ考え方です。もっとも、監査役は法的に取締役を含めた執行部門から独立している位置付けとなっていることから、監査役の報酬は取締役とは別の議題・議案として提案されることが通例です。また、具体的配分についても、取締役の報酬が、取締役会で一任、さらには代表取締役に再一任することが長い間、一般的となっていたのに対して、監査役は、監査役間の協議という手続きが法定化されています。

　取締役のように、一任による決定という手続きを採用しないで、監査役の独任制を反映した監査役間の協議としていることは、監査役の報酬は特定の役職者の恣意的な意向が反映されにくいという特徴があります。換言する

207

と、取締役の報酬の方が代表取締役等の特定者の恣意的な意向が反映されやすいといえるということになります。そこで、取締役の報酬については、恣意的な要素を極力排除するとともに、取締役の会社への貢献度をより反映させるべきであるという意見から、報酬手続きの透明化とインセンティブ報酬体系の導入の議論が活発になってきました。

そこで、令和元年会社法において、取締役の報酬等[1]（以下「報酬」という）に関する新たな改正が行われました。改正の立法趣旨は、報酬内容の決定手続に関する透明性の向上とともに、報酬のインセンティブ機能に着目したものでした[2]。

一方、監査役の報酬[3]については、直接的な改正はありませんでした。取締役の報酬は、代表取締役が恣意的に決定するという弊害のおそれがあるのに対して、監査役の報酬は、監査役の協議によるとの規定があり（会387条2項）、代表取締役等の執行側による直接的な関与を排除するとともに、各監査役の意見が反映される仕組みになっているからです。また、取締役の報酬のインセンティブ性については、取締役の業務執行機能に基づく点が改正の趣旨であり、監査役の監視機能とは別内容と考えられました。

しかし、監査役の報酬については、協議に至るまでの手続や報酬内容を含めて、監査役自身が法と実務の乖離を強く感じているように見受けられます[4]。そこで、本章では、監査役の報酬に関して、取締役の報酬と比較しつつ、実務上の留意点と今後の報酬の在り方について検討いたします。

---

1) 「報酬等」とは、報酬・賞与その他の職務執行の対価として株式会社から受ける財産上の利益のことである（会361条1項柱書）。
2) 竹林俊憲編著『一問一答 令和元年改正会社法』商事法務（2020年）73頁。
3) 取締役監査等委員の報酬は、監査役と同じ内容の規定である。
4) 筆者が監査役向けの研修会やセミナーにおいて、監査役から受ける質問の上位項目である。

2 / 監査役の報酬制度の特徴と実務の確認

(1) 取締役の報酬手続と監査役の報酬手続の相違点

取締役の報酬手続に関して、株主総会で上限額を定め、その範囲内で取締役会において決定する方法は、取締役報酬のお手盛り防止の観点から可能であるとする判例（大判昭和7年6月10日民集11巻1365頁、最判昭和60年3月26日判例時報1159号150頁）に則った実務対応です。また、学説においても、報酬は、株主総会において取締役全員の総額またはその最高限度額を定めれば足りるという考え方が通説となっており、株主総会で報酬の上限額を決定すれば、上限額を超えない限り、再度株主総会の決議を要しないと解されています[5]。さらに、取締役報酬の具体的配分を代表取締役に再一任する実務についても、報酬決定が取締役会の専決事項ではないことから、判例では適法（最判昭和31年10月5日集民23号409頁、最判昭和58年2月22日判時1076号140頁）であるとされ、学説においても多数説となっています[6]。もっとも、代表取締役に取締役の報酬を再一任することにより、取締役会の監督機能に影響を及ぼす可能性があることから、再一任は許されないとする少数説もあります[7]。

このように、取締役の報酬について、株主総会での総額方式とした上で、取締役会での一任、さらには代表取締役への再一任という長らく続いていた実務慣行に対して、令和元年改正会社法において、取締役の報酬の在り方を見直すことになった経緯があります。

一方、監査役の報酬については、監査役が執行部門から法的に独立しているという観点から、取締役とは別に株主総会の決議で定めることになっています（会387条1項）。監査役が複数就任していれば、取締役の報酬と同様に、

5) 大隅健一郎＝今井宏『会社法論中巻（第3版）』有斐閣（1992年）166頁。
6) 落合誠一編『会社法コンメンタール8　機関(2)』[田中亘]商事法務（2009年）167頁。
7) 上柳克郎＝鴻常夫＝竹内昭夫編集代表『新版注釈会社法(6)株式会社の機関(2)』[浜田道代]有斐閣（1987年）391頁。

株主総会で報酬総額を決議した上で、その範囲内で、監査役間の協議によって配分を定めます（会387条2項）。総額の範囲内ですから、上限額で配分するか、上限額より少ない額で配分するかについても協議事項に含まれます[8]。協議とは、話し合った結果、全員の合意を目指すことを意味しますので、監査役の報酬については、監査役間で意見交換を行った上で、報酬総額の範囲内で最終的な報酬内容（金額）の配分を決めることになります。監査役の報酬についても、取締役の報酬と同様に、特定の監査役に報酬の配分の一任は認められると解されています[9]。監査役会議長に一任する場合は、監査役の役位別・在任年数に基づく支給とするなど、報酬に関する考え方が決まっていて、後は自動的に事務処理を行う場合が考えられます。

　また、監査役は、株主総会において、監査役の報酬について意見を述べることができます（会387条3項）。例えば、取締役が、特定の監査役の報酬を減額する議案の内容を株主総会に提出した場合に、当該監査役がその減額に対して反対意見を陳述することが可能です。さらに、監査役自らの報酬に限らず、他の監査役の報酬水準についても意見陳述ができます。具体的には、海外進出等により業容拡大に伴う監査役の職務負荷が著しく増大しているにもかかわらず、取締役が監査役の報酬額の上限を引き上げる議案を株主総会に提出しなかった場合、監査役全員の総意として、特定の監査役が監査役を代表して、株主総会の場で正当な報酬でない旨の意見陳述を行うことも可能です。監査役による報酬に対する意見陳述権は、取締役には法定化されていない法的権限であり、監査役の報酬が取締役により不当に低額に据え置かれる場合に、監査役の対抗措置として定められた規定です。また、株主総会において、監査役が監査役の報酬について意見があるときは、その意見の内容の概要を株主総会参考書類に記載する必要があります（会施規84条1項5号）。

　もっとも、監査役が報酬に対する意見陳述権を行使することは、実務の現

8)　2名の監査役が選任されている時期の株主総会決議により、監査役の上限額が定められていた場合において、その後1人となった監査役が自らの報酬を上限額まで増額した行為は、監査役間の協議を定めた会社法387条2項に準じた報酬決定方法として許容されるとした裁判例（千葉地判令和3年1月28日金判1619号43頁）がある。
9)　江頭憲治郎『株式会社法（第8版）』有斐閣（2021年）566頁。

場では極めて稀ですので、監査役の意見陳述権は、不当な監査役の報酬議案に関して、取締役に対する牽制機能と捉えることができると思います。

(2) 監査役の報酬手続と実務

① 監査役の報酬規定における実務上の留意点

監査役の報酬規定の立法趣旨は、監査役の報酬面での独立性の確保であることを鑑みると、監査役の実務を行うにあたって、あらかじめ留意すべき点があります。

第一の留意点は、監査役の報酬協議を行う時期です。報酬協議とは、株主総会で決議されている上限額の範囲内で具体的な配分を決める行為ですので、報酬協議の時期は株主総会後に速やかに行うこと、例えば株主総会終了の同日に行われることが実務の通例です。監査役の報酬は、取締役の報酬と同様に会社との委任に基づく対価ですので、株主総会で新しい体制となった段階で具体的な報酬を決定することになります。

他方、株主総会に監査役の報酬変更議案が提出されることがなく、かつ監査役の退任の予定がない場合には、株主総会前に、監査役の報酬の協議を行っておくことも実務上はあり得ます。この場合でも、監査役の体制に急遽変更がある場合もあり得ますので、株主総会に極力近い時期での協議を行うことになります。なお、従前と同様の報酬額であると考えて協議を実施しないことは望ましいことではなく、報酬は各年度で決める中で、従前通りで異論がないことの確認の意味からも、毎年協議を行うことが原則です。

第二の留意点は、監査役の報酬に関する取締役の関与についてです。前述したように、監査役の報酬については、監査役の独立性の観点からの規定になっていることから、取締役に監査役報酬配分の決定を一任することは許されません。他方で、取締役が監査役の報酬の原案を示すことは許されると解されています[10]。あくまで、原案にとどまりますので、取締役が具体的配分内容を決定し、それに従うような手続は法令上、不当となります。また、具体的な配分金額ではなく、監査役の報酬について、役位別や就任年数に基

---

10) 前掲9) 566頁。

づく考え方による支給となっている場合でも、あくまで原案の考え方として理解すべきであり、その方式の適用の是非や方式以外に考慮すべき特別の要因があるか否かについても、監査役の協議が必要です。例えば、新型コロナウイルス感染症拡大の影響により会社の業績が著しく悪化した状況を受けて、取締役が報酬減額を決定したとしても、取締役が同様の減額を監査役に強要することはできません。この場合、監査役としては、取締役の決定内容を勘案し、監査役の協議によって監査役の報酬の減額の是非や具体的な減額幅を決めることになります。言い換えれば、取締役と同内容の監査役の報酬減額を決定したとしても、あくまで、監査役が自主的に減額を協議・決定したという位置付けとなります。

② 監査役の報酬手続

　各監査役の報酬を決めるにあたって、事前に監査役間で協議を行うことが法定化された手続ですので、協議手続を行わないことは法令違反となります。

　監査役会設置会社の場合の協議の方法としては、①株主総会後において、常勤監査役や特定監査役を選定する監査役会終了直後に、そのまま監査役全員で協議する方法[11]、②監査役会の議題として、監査役報酬協議の件として行う2つの方法があります。監査役の報酬は、監査役会の決議事項ではないことから、監査役会の議題として実施する必要は必ずしもありません。しかし、①の場合は、監査役の報酬協議は法定事項であるために、協議結果を正式な文書として記載・保存しておくべきです。記録として残さなければ、法定手続を実施した証拠とはならず、後日、監査役の報酬を巡って争いが発生したときには、手続的な瑕疵とみなされて、報酬が過去に遡って無効との主張が行われる可能性があります。

　一方で、②の監査役会として実施した場合には、必然的に監査役会議事録に記録されますので、手続的な瑕疵が問われることはないメリットがあります。もっとも、監査役会議事録は、裁判所の許可があれば、株主の閲覧およ

---

11) 監査役が一堂に会する必要はないので、株主総会に欠席した監査役に対しては、別途個別に協議またはあらかじめ報酬に関する同意書を受領する。

び謄写の対象となりますので（会394条2項）、監査役間で協議した結果、個々の監査役の報酬金額が株主に明らかになる可能性が無いとはいえません。したがって、企業実務の現場では、監査役会で実施するのか否かについて、両者の方法の長短を比較して決めます。また、監査役会で報酬を決める場合には、監査役会規程で、監査役の報酬は監査役全員一致の同意による決議とする旨を定めておくことが一般的です。

なお、報酬協議が滞りなく実施された後は、報酬協議決定書として、具体的な報酬内容と実施開始時期について記載した書類を作成・保存します。報酬協議決定書として特定取締役に通知すれば、監査役の報酬の独立性を反映した手続になります。報酬の原案を取締役が決めた場合であっても、監査役間の協議結果を取締役に通知することが望ましいと考えます。

3 監査役の報酬に関する個別論点

（1）監査役の報酬の在り方

監査役の報酬については、監査役の職務は会社の業績とは直接に連動していないとして、定額固定基本給のみの支給が伝統的であり、日本監査役協会の直近のアンケート結果でも95.3％（3,016社）を占めています[12]。取締役の報酬は、取締役のインセンティブの観点から、業績連動報酬やストックオプション制度の導入について、近時、盛んに議論され、実際に導入が増加している傾向と対照的です[13]。

しかし、監査役が職務を遂行するにつき、定額固定基本給のみで足りるとする根拠として、業務執行を担っていないからという理由は必ずしも説得的ではありません。監査役は、取締役の職務執行を監査し、取締役に不祥事や

---

[12] 日本監査役協会「役員等の構成の変化などに関する第22回インターネット・アンケート集計結果」月刊監査役736号別冊付録（2022年）90頁。
[13] もっとも、欧米では業績連動報酬による役員報酬の高額化が問題となっている。例えば、英国の状況を概説したものとして、沼知聡子「業績連動報酬の行方－懸念を呼ぶ英国役員報酬の高額化－」大和総研金融資本市場（2015年9月17日）。

不適切な行為があれば、早い段階で指摘して不祥事等の拡大を防止したり、内部統制システムの観点から監視することを通じて、不祥事等を未然に防止する役割は、会社の業績に間接的に関係しているといえます。したがって、監査役の報酬に一定の業績連動を取り入れることは検討の余地があります[14]。例えば、間接部門を管掌している取締役と同様に、連結経常利益を業績連動の指標とすることが考えられます。さらに、監査役の報酬の一部にストックオプションを付与することもあり得ると考えます。

（2）監査役の報酬水準

　監査役の報酬水準は、監査役の報酬の制度設計とも関係します。前述したように、監査役の報酬が定額固定基本給のみである実態からは、在任期間中の報酬変動の余地は、業績の急激な悪化により、取締役の報酬減額の措置にならって監査役の報酬の一部を自主的に返上するような場合以外は、基本的には存在しないことを意味します。すると、監査役に就任する際に、監査役の報酬水準は、社内においてどの水準にあるかがその後の報酬水準を決定付けることとなるために、新任監査役にとっては重要な関心事になります。

　日本監査役協会のアンケートでは、社内常勤監査役の報酬は、執行役員レベルが33.1％（914社）と最も多くなっており、その次は役付のない取締役の26.9％（743社）が続いています[15]。執行役員レベルが最も多い理由としては、監査役が、部長等の上級管理職から昇任している割合が多いこと[16]に関係していると思われます。したがって、部長クラスから監査役に昇任すれば報酬水準が増額するのに対して、取締役からの就任の場合は減額の可能性が高く、特に役付取締役から監査役となった場合には、減額幅が大きくなります。しかも定額固定基本給のみであることから、株主総会において、監査役の報酬上限額の増額変更議案の提出がない限り、4年間の任期期間中、

---

14) 監査役の報酬に、定額固定基本給に加えて業績連動報酬を取り入れている会社は、4.5％（144社）と極めて少ないのが実態である。前掲12）90頁。
15) 前掲12）100頁。
16) 社内常勤監査役の前職の割合として最も多いのは、部長クラスの34.1％（1,295人）がアンケート結果である。前掲12）17頁。

214

報酬の変動がない可能性が高くなります。

(3) 監査役の報酬に関する今後の方向性

　監査役の報酬は、取締役の報酬と比較して極めて硬直的です。執行部門から法的に独立しており、取締役から報酬面で影響を受けない趣旨から、昔から定額固定報酬額の実務慣行が定着してきたものと思われます。代表取締役による評価ポイントによって監査役の報酬額が変動するのであれば地位の独立性の観点から問題ですが、執行役員と異なり、会社法上の役員である監査役は、取締役と同様に株主代表訴訟の対象者であるなど、その職務につき法的責任が伴っています。したがって、監査役の報酬水準は、取締役の報酬水準と同様であってもおかしくはありません。現行の監査役の報酬水準や制度設計は、監査役の社内外の地位の確保という点では、改善の余地があると思います。

　確かに、監査役は非業務執行役員の位置付けであり、監査を通じて、意見陳述を行ったり改善要請を行うものの、具体的にそのことを計画し実行するのは、業務執行取締役であることから、職責の程度は取締役の方が重いとの意見も正論かもしれません。しかし、企業の持続的発展のためには、「攻めのガバナンス」と「守りのガバナンス」が両輪として大切であり、特に「守りのガバナンス」における監査役の役割は大きいものがあります。また、従前とは異なり、近時はコーポレート・ガバナンスの一翼を担う監査役に対して、会社の利害関係者の期待も大きくなっています。したがって、監査役にも、取締役と同様のインセンティブ報酬としての側面を持たせてもよいと思います。

　監査役の報酬の一定の割合に業績連動報酬を採用したり、業績連動に伴う賞与を支給する制度設計はあり得ると思います。また、監査役が再任された場合には、監査役の報酬水準を一定の割合で増額すること、役付取締役から常勤監査役に就任する場合には、取締役時代の報酬を加味した水準とすること、海外監査や企業経営の多角化等により、監査役の職務負荷が明らかに増大した場合には、監査役の報酬上限額を引き上げて、結果として個々の監査

役の報酬を増額することも検討に値します。また、株主総会での報酬総額の
上限に達していない場合は、職務の負荷状況により、個別報酬額の見直しを
監査役間で協議・検討し執行側に協議結果を示すこともあり得ます。さら
に、報酬総額の見直しについても、インセンティブ報酬の導入の可否も含め
て、役員報酬の一環として監査役間で十分に議論した上で、代表取締役や人
事担当取締役と意見交換し、調整することが考えられます。

4 / 小括

　新任の監査役候補者にとって、監査役監査についての理解が十分でないと
きに報酬レベルについて意見を述べることは困難と思われますし、監査役に
就任した後も、報酬の性格上、自身の増額を主張する……報酬の性格上、自
身の増額を主張することに心理的躊躇があるのも事実と思います。しかし、
いつまでも硬直的な報酬水準を継続する合理性は薄いと考えます。そもそ
も、経営陣の中には、監査役の職務についての理解や認識が十分でないため
に、見直しの動機付けになっていない可能性も大きいと思われます。
　監査役の報酬について、代表取締役が実質的に決定した報酬水準を追認や
確認するための協議ではなく、監査役もある程度主体性を持って自らの報酬
について意識し関わるべきと考えます。このためにも、監査役の報酬の制度
設計について、取締役の報酬と同様に、あるべき制度設計を代表取締役や人
事担当取締役に提案し意見交換をすることから始めることが考えられます。
　このためにも、監査役の報酬のあり方や制度設計に関して監査役会や監査
役協議会等を利用して審議・決定し、監査役の統一した見解として（代表）
取締役に対して提出することが大切です。監査役に就任した際の水準のみな
らず、その後の報酬の増減額の考え方についても、合理的な理由を考えて、
説得的な具体案を提出することがポイントとなります。
　現任の監査役（会）として、仮に現在の報酬水準や制度設計に疑念があるな
らば、自らの報酬に限らず後任の監査役のためにも行動に移してよいと思い
ます。

まとめ

　監査役は、株主の負託を受けて株主総会で選任されます。株主の中には、短期の株式売買を通じた利益獲得を目的とするために、株価上昇や剰余金の配当の最大化を経営陣に強く求める株主が存在する一方で、会社の持続的発展を願い、中長期的に株式保有を志向する株主もいます。監査役が負託を受ける株主には、上記のように2つのカテゴリーがありますが、監査役が取締役ら経営陣にコンプライアンス経営を要請することは、収益第一主義ではなく、会社の社会的責任を意識した健全で持続的な発展を志向する株主に親和的であると思われます。

　CGコードは会社が持続的な成長と中長期的な企業価値向上のための自律的な対応を図ることを通じて、会社や株主・顧客・従業員・地域社会等のステークホルダーの利益に合致するための企業経営の在り方や方向性を示しています。特に、2021（令和3）年6月の2回目の改訂版では、地球環境への配慮、人権の尊重、自然災害等へのリスク管理など、マクロ的な課題への取組みを意識した記載となりました。

　CGコードはソフト・ローであり、法的拘束力はないものの、会社の取り組むべき方向性を示しており、企業実務的にもその影響力が増しています。CGコードでは、監査役は能動的・積極的に監査役の権限を行使し、取締役会や経営陣に対して積極的に意見を述べるべき（CGコード原則4-4）とされています。したがって、会社の持続的な発展に向けた取締役以下執行部門による具体的な基本方針とその実行について、株主から負託を受けかつ執行部門から独立した監査役としての立場から注視し、会社の方向性に関する社内の審議状況について、会社の将来を決めるという広い視野を持った上で、早い段階から積極的に意見を述べるべきと考えます。

　本編では、監査等委員会設置会社についても整理しました。監査等委員会

設置会社は平成 26（2014）年会社法で創設された会社形態ですが、近時、急激にその数を増加させています。監査等委員会設置会社制度への移行は、監査役自身に関わることのみならず、経営管理機構全体にも関係するテーマです。ガバナンス体制の在り方は、会社法を貫く定款自治の考え方の一環であり、会社の将来の方向性を決める重要事項です。

　したがって、取締役（執行部門）が、監査等委員会設置会社が目指す方向と具体的な体制整備について、監査役（会）設置会社との比較の観点から事前に十分に検討した上で移行すべきかどうかを決断しようとしているか、監査役としても積極的に議論に加わるべきと考えます。具体的には、マネジメントモデルとモニタリングモデルのどちらの取締役会とするのか、内部監査部門の位置付けやリスク管理の基本である三線（ディフェンス）ラインの在り方などがあります。これらの課題についても、十分に比較・検討した上で、監査等委員会設置会社への移行の可否を決定するとともに、実効的な運用についても、執行部門と協議を重ねつつ、改善を図っていくことが大切です。

　最後に、監査役自身の報酬問題を取り上げました。監査役の報酬については、株主総会において決議された総額の範囲内で監査役の協議によって決定される特徴があります。しかし、現実的には、（代表）取締役が実質的に決定し、監査役の協議は形式的になっているとの印象を持っている監査役が多いようです。しかも、監査役の報酬は定額固定基本給のみである会社が大多数であり、極めて硬直的であることは、取締役の報酬がインセンティブ性を意識して、業績連動方式やストックオプションを付与するなどの傾向が強まっていることと対照的です。加えて、監査役の報酬水準は執行役員クラスと同額が多いというアンケート結果も出ており、同じ役員である取締役とは格差が生じています。

　しかし、コーポレート・ガバナンスの一翼を担う監査役が「守りのガバナンス」の要としての役割を担うべき責務がある中で、取締役の報酬と同様にインセンティブ報酬を一定割合で導入すること、および定額固定基本給の水準を見直すことに関して、（代表）取締役と意見交換を行い、必要に応じて変更することがあってよいと考えます。とりわけ、監査役（会）設置会社から監

査等委員会設置会社に移行する場合には、監査等委員は業務執行取締役と同様の取締役の役位になるわけですので、業務執行取締役より低額な報酬である合理的な根拠は見いだし難いと思われます。移行の際には、報酬の在り方を見直す機会と捉えるべきです。

　監査役には執行部門から法的に独立している根拠条文が多々あるものの、法と現実の乖離を感じる監査役も多くおられると思います。監査役と取締役が対立関係にあるべきではないのは勿論ですが、他方で、監査役に対する法的権限が強化され、監査役に対するステークホルダーからの期待が高まっている状況下、監査役の人材の重要性と相まって、一方的に従前からの実務慣行に従う必要はありません。立法趣旨から考えて、従前の慣行に疑念を抱いたならば、率直に（代表）取締役と意見交換をし、必要に応じて変更を申し入れてよいと考えます。このためにも、（代表）取締役と監査役との信頼関係が醸成されていることが基本となります。

索　引

223

《著者紹介》

高橋　均（たかはし・ひとし）

獨協大学法学部教授。一橋大学博士（経営法）。

獨協大学大学院法務研究科（法科大学院）教授を経て、現職。

専門は、商法・会社法、金融商品取引法、企業法務。

一般社団法人 GBL（グローバルビジネスロー）研究所理事、国際取引法学会理事、企業法学会理事。

企業での実務経験も踏まえて、法理論と実務の両面からのアプローチを実践している。

〈主要著書〉

『上級商法ガバナンス編（第 2 版）』商事法務（分担執筆、2006 年）

『株主代表訴訟の理論と制度改正の課題』同文舘出版（2008 年）

『最新・金融商品取引法ガイドブック』新日本法規出版（共編著、2009 年）

『会社役員の法的責任とコーポレート・ガバナンス』同文舘出版（共編著、2010 年）

『世界の法律情報—グローバル・リーガル・リサーチ—』文眞堂（共編著、2016 年）

『グループ会社リスク管理の法務（第 3 版）』中央経済社（2018 年）

『改訂版・契約用語使い分け辞典』新日本法規出版（共編、2020 年）

『実務の視点から考える会社法（第 2 版）』中央経済社（2020 年）

『監査役監査の実務と対応（第 7 版）』同文舘出版（2021 年）　　　他

2022 年 8 月 30 日　　初版発行　　　　　　　　略称：監査役論点

監査役・監査(等)委員監査の論点解説

著　者　Ⓒ 高　橋　　　均

発行者　　中　島　治　久

発行所　同 文 舘 出 版 株 式 会 社

東京都千代田区神田神保町 1-41　　〒101-0051
営業（03）3294-1801　　編集（03）3294-1803
振替 00100-8-42935　http://www.dobunkan.co.jp

Printed in Japan 2022　　　　　　　DTP：マーリンクレイン
印刷・製本：三美印刷
装丁：㈱オセロ

ISBN978-4-495-21037-3

JCOPY 〈出版者著作権管理機構 委託出版物〉
本書の無断複製は著作権法上での例外を除き禁じられています。複製される場合は、そのつど事前に、出版者著作権管理機構（電話 03-5244-5088、FAX 03-5244-5089、e-mail: info@jcopy.or.jp）の許諾を得てください。

本書と ともに

監査役監査の実務と対応

高橋　均 著

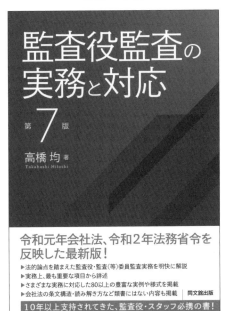

B5判　408頁
税込 4,180 円（本体 3,800 円）

同文舘出版株式会社